LOCUS

L O C U S

LOCUS

LOCUS

在時間裡，散步

walk

walk 10
小朋友的哲學大哉問：
讓大人傷腦筋的孩子氣提問，哲學家，請回答！
編著者：野矢茂樹
譯者：陳偉樺
責任編輯：潘乃慧
封面設計：三人制創
校對：呂佳真
法律顧問：董安丹律師、顧慕堯律師
出版者：大塊文化出版股份有限公司
台北市105022南京東路四段25號11樓
www.locuspublishing.com
讀者服務專線：0800-006689
TEL：(02)87123898 FAX：(02)87123897
郵撥帳號：18955675　戶名：大塊文化出版股份有限公司

總經銷：大和書報圖書股份有限公司
地址：新北市新莊區五工五路2號
TEL：(02) 89902588　FAX：(02) 22901658
初版一刷：2016年5月
初版八刷：2023年11月

定價：新台幣250元
Printed in Taiwan

小朋友的 哲學大哉問？

子どもの難問

野矢茂樹 編著 陳偉樺 譯

目錄

推薦序一

哲學裡的思考力，提醒我們做個有方向感的父母

羅怡君

相信你一定聽過孩子問這些問題：「一定要念書嗎？」「一定要上學嗎？」不過奇怪的是，他們卻不會問：「一定要學習嗎？」「一定要遊戲嗎？」你可能也經歷過孩子仰著頭發問：「什麼叫作壞事？」「什麼是幸福？」但他們似乎沒有問過：「什麼是快樂？」「什麼是勇敢？」

你想過為什麼嗎？

我曾有一陣子對這樣的現象格外著迷，特別放大耳朵偷聽孩子們的對話，甚至主動抓著孩子問：「你最想問什麼問題？」也許有些孩子胡亂應付我給了幾個答案，倒是自己的孩子最誠實，莫名其妙地盯著我瞧：「我為什麼一

定要讓妳知道呢？」

雖然我不是哲學家，無法給哲學下個精準的定義，不過我能感覺到一旦我們暫停腳步、放下手邊例行繁瑣的工作，願意和自己對話、願意在抽象的概念上多停留琢磨些時間，那麼我們離哲學就應該不遠了。

沒有標準答案的「為什麼」之所以重要，就是因為這些問題幾乎構成了每個人的人生。現實生活裡，我們對具象的工作項目感到困惑不解、被霸占所有的精力時間，以至於忽略那些抽象的概念，甚至覺得無用而不屑一顧；或許就是因為孩子們尚未被這些具象的事物困住，才能一語道破許多事情的本質。

抽象的名詞內涵，往往包含著個人自我心理投射的畫面，這也同時意味著個人生命經驗帶來的「侷限」視野，很容易讓我們成為自以為是的父母，但其實是昏頭轉向、瞎跑疲累的倉鼠。

比如說，做父母的忙著鼓勵孩子上學、弄懂各式各樣教育制度、擔心課業分數表現等這些「工作項目」，卻很少靜下心來思考「學習」的意義是什麼，又該怎麼依照孩子的特質實踐學習的真義；當我們以為現在做的一切努力，都是為了孩子未來能擁有「幸福快樂」，卻似乎沒有認真思考過，未來的「幸福快樂」和我們所說的又是同一回事嗎？

哲學思考最能幫助我們的，就是撥雲見日，排列出人生的優先順序；想協助孩子健康發展，我們更需要做個有方向感的父母，即便未來再怎麼變動、資訊再怎麼干擾，都不至於影響著前進的大方向。

近來翻轉教育風潮興盛，其中以法、德等國重視哲學教育為例，鼓勵台灣的孩子多接觸哲學思辨的討論漸漸受到重視。台灣出版哲學的書不少，以孩子觀點、語氣撰寫的卻相當少見，而這本以小孩的疑問出發，邀請日本二十三位哲學家以「小孩也看得懂」的方式接力回答。少了專業名詞的艱澀門檻，也給初接觸哲學思考的父母一個友善的閱讀經驗。

特別是當今偏好借鏡歐陸教育，許多文化背景和生活經驗與台灣截然不同，需要經過學習轉換才能應用實踐。而《小朋友的哲學大哉問》來自與台灣文化較相近的日本，能夠看到歷史文化脈絡較為相近的「亞洲觀點」，相信更能引發父母共鳴。

人生像是一片冒險荒野，做父母的只能遙指天上的北極星定位，給孩子一個正確的、善意的大方向，其他旁枝末節都是屬於孩子的故事。想找到這顆專屬自己的、孩子的北極星，那就先從問問題開始吧！說不定「問題本身就已經是答案了」，不是嗎？

（《被禁止的事：所有「不可以」，都是教孩子思考的起點》作者）

推薦序二

令人感動的哲學討論

朱家安

幾年來我推薦過許多哲學書，在這些書當中，《小朋友的哲學大哉問》有兩個其他書沒有的特色：它幾乎不使用哲學術語，而且它令我感動。

當然，光是「幾乎不使用哲學術語」，並不會讓一本哲學書變得優秀。《小朋友的哲學大哉問》之所以是本優秀的書，是因為它有很好的理由不用術語，並且在這個前提之下依然展現了優秀的哲學討論。《小朋友的哲學大哉問》是寫給小朋友的哲學書，跟大部分哲學普及書不同，它的任務不是介紹各種哲學理論，而是演練哲學思考和討論的過程。

為了讓小孩覺得有趣親切，野矢茂樹用小孩的口吻寫了一堆哲學問題，拿去問日本的哲學教授。「我什麼時候才會長大？」「怎麼才叫『做自己』？」這些問題正如書名，都是大哉問，但如果你認為哲學教授平常就是在研究這樣的問題，可是大錯特錯了。

和其他學科一樣，在高度分工和細緻繁複的學術遊戲規則、升等壓力之下，現代的哲學家其實很少有機會直接處理這樣的大哉問。例如我自己的碩士論文，研究的是「操弄論證」。什麼是操弄論證呢？操弄論證是不相容論者用來攻擊相容論的一種論證方式，而不相容論和相容論則是當代哲學界關於「自由意志」的爭論裡常見的兩種立場。

如果要說漂亮話，我可以說自己在研究自由意志的哲學問題，但我研究的其實只是這個問題底下某人提出來的某個說法裡的某個部分。如果自由意志是個大哉問，那我研究的應該類似於大哉問的碎屑。學者們當然是因為對大哉問有想法，才有辦法投入這些碎屑的研究，但通常你必須是真的很有名很厲害的哲學家，才有辦法以大部頭專書的規格直接在學術上處理大哉問。

身為哲學研究者，我就和我的多數同儕一樣，認為雖然每個人對於學術的貢獻有限，但我們的分工原則上還是有機會讓整體哲學研究逐漸進展。然而我同時也感受到，這種工作模式，讓哲學學者在某種意義上變得比較不容易和社會溝通哲學：哲學思考對於一般人來說有許多價值，但我很難藉由介紹操弄論證，來讓一般人理解這些價值。要讓哲學思考瀰漫在社會上，我們似乎得花一點時間思考那些跟大家更直接相關，而且更容易感到有趣的問題。秉持這樣的態度，我很能理解野矢茂樹在前言裡的說法：

事實上，當我們在寫一篇有建設性的論文時，直接回答這種樸實（孩子氣）的問題是很愚蠢的。能夠當成論文問題的，是那些更容易下結論，且分門別類細分好又有明確定義的問題。因此，我有點帶著惡意，想藉由小孩的口吻來困擾這些成年的哲學家。

這些成年的哲學家並沒有讓野矢茂樹失望，他們誠懇面對孩子氣的問題，並仔細把自己的回答整理成最孩子氣的人也看得懂的程度。這麼多專業的哲學家一起為小朋友耐心思考和撰寫這些東西，不但令人感動，而且也非常熱血！

在我的經驗裡，要專業哲學家不使用術語來討論哲學問題，滿困難的。不過當你辦到這件事，代表你可以讓更多人瞭解你討論的哲學想法。《小朋友的哲學大哉問》裡的術語很少，但呈現的哲學思維很豐富，在小孩子也能看懂的文字裡，作者們大量使用哲學上常見的概念釐清、推論、反證等技巧，相信愛思考的小孩在閱讀時也能學會並運用在其他地方。

這本書另一個讓我喜愛的特色，是作者們提供了許多啟發性和趣味兼具的回答。例如中島義道認為校園環境裡的「腦袋好」，有時候指的不過是「正確看穿老師（出題者）的意圖」，野矢茂樹在討論「喜歡」是什麼樣的一件事的時候則提到，喜歡跟討厭完全不一樣：你不會因為討厭一個人，就整天想著他。而對於因為「無法理解其他人」而困擾的讀者，戶田山和久會提醒他，其實理解沒有那麼困難，而且說實在的，人具有理解別人的能力，這也可能帶來壞事。學者們把哲學思維用在日常概念和情境裡，得到這些有趣的說法，不但是很好的教材，也是很好的哲學實踐。

身為這本書的推薦人，最後我想錦上添花一下，向讀者們建議一些跟小孩一起讀這本書時可以用的提問技巧：

- 他的主張是什麼？

讀完某位作者的說法之後，可以回想和討論一下他的主要意見是什麼。

- 來想更多例子吧！

若作者在文章裡舉了一些例子來支持或協助說明他的意見，可以幫他想想，還有沒有其他例子可以用。

- 你同意他嗎？

我們不見得需要同意作者的看法，挑戰作者不但是有趣的事，也常會有豐盛收穫。

- 想反例、找毛病！

若你不太確定可以怎樣挑戰作者，或許可以試著想想看，他的主張會不會在某些情況或例子底下變得很奇怪，或者不適用。

- 他和他會不會打起來？

這本書的每個問題都有兩位作者回答，可以討論看看，這兩個人的意見是否一致，或者在哪些地方可能出現意見的衝突。如果有衝突的話，哪個人的說法比較有道理？為什麼？

- 最重要的是，我的答案和理由是什麼？

對於書裡討論的問題，你和孩子的答案不見得跟作者一樣。你的答案是什麼？你能想到哪些理由來說服別人接受你的答案？

除了上述問題，你也可以自己研發有趣的提問方向，不過不管如何，在討論時請記住探求彼此的回答背後的理由。人常會說哲學沒有標準答案，不過，或許我們無法在現階段確認哪個哲學問題的哪個答案是正確的，但我們還是可以一定程度地判斷哪些理由能讓答案更有說服力、哪些理由只是亂講的。學會辨別理由好壞的各種技巧，我相信，是哲學最有趣也最有用的一個地方。

（《哲學哲學雞蛋糕》作者）

前言

野矢茂樹

我們之中的多數人都不斷被迫往前邁進，而哲學則是試圖停下我們的腳步。

比方說，有些人負責種菜、有人從事寫作，還有人操作怪手、販售商品。當人們在工作時，會思考如何才能避開交通堵塞、準時到達客戶公司，卻不會去質疑人為何一定要工作。也許我們會去思考如何拓展業績，但我想應該不會有人去深思工作的本質究竟為何。思考這些事，可能會讓你無法準時到達，或是無法順利賣出商品。工作愈是做得順手的人，愈不會去思考這種「多餘的問題」。

然而，哲學問題會讓發問者停下腳步。當人在思考「工作到底是什麼」的時候，就不會再去從事其他像樣的工作。這種人，在被迫「不斷邁進」的人眼中看來，就如同被螞蟻隊伍吸引目光而駐足不動的小孩一般。只有從「不斷邁進」的催促聲之中解放出來的人，才能去思考哲學問題，因此可以說，只有小孩才能研究哲學。

話說回來，小孩同時也無法研究哲學。只有不斷質疑「為何要工作」，算不上是哲學。基本上，如果單單說出「為何要工作」，連問題的基本核心都尚未觸及，充其量只能算是感嘆而已。

哲學問題不僅沒有明確的答案，連問題的意義都莫衷一是。哲學必須同時探索問題的答案為何，以及你正在質疑的問題意義為何。要對哲學問題提出質疑，必須具有特別的技術與實力，這對小孩來說還很困難。

再者，哲學一定要具有「輕盈」的要素。沒有工作過的人，無法理解勞動的意義，而過度投入工作的人，也無法客觀地省思勞動。只沉浸在工作或不工作其中一方而無法超脫的人，無法將「工作」的本質客體化。哲學要求我們不僅要參與日常生活、從實踐的角度來審視，也要從實踐之外的角度來審視。我們不能只侷限於現在所採取的觀點，還要自由自在地從各種觀點來掌握事物。然而，小孩尚未學會這種輕盈，因此還無法研究哲學。

只有小孩才能研究哲學，但是他們又辦不到。而哲學家就是存在於這種矛盾中，他們既不是大人也不是小孩。

因為他們是哲學家。

本書採取的形式是模擬小孩向哲學家提出令人傷腦筋的問題。但是提出這些問題的其實全都是我本人（我羞愧又自豪地說，是身為哲學家的我），而且我並非把自己當成一個小孩來提出孩子氣的問題。那我為什麼要提出「小朋友的大哉問」呢？

老實說，我勉強算是一個學者，但是在哲學研究這塊領域，我不斷受到「前進」的壓力逼迫，處於一種不得不拿出若干研究成果的規範中（坦白說，這讓我感到相當的壓迫與不舒服），所以我才想化為一個小孩，從這種壓力之中解放出來，並且以粗暴又攻其不備的方法來凸顯哲學問題。

在訂定這個企畫時，我對許多哲學家其實都抱持了偏見。他們遵循研究者的規範，並且以優秀研究者的身分獲取成功。所以，我覺得他們會因為我提出這些樸實又根本性的問題而傷腦筋。事實上，當我們在寫一篇有建設性的論文時，直接回答這種樸實（孩子氣）的問題是很愚蠢的。能夠當成論文問題的，是那些更容易下結論，且分門別類細分好又有明確定義的問題。因此，我有點帶著惡意，想藉由小孩的口吻來困擾這些成年的哲學家。只是我的預測漂亮地落空了。

的確，赤裸裸地面對這些根本性問題，也許讓他們相當傷腦筋，卻沒有一位學者逃避或敷衍。面對這些野蠻的問題，他們看起來甚至樂在其中，這使我的心情大好。而且，儘管他們採取對小朋友解釋的口吻，卻完全沒有降低該有的水準。由於篇幅有限，我無法期望他們提出完整的議論，他們反而因此直接抓出問題核心並展現出來。內容也許很容易閱讀，不過都是值得一再玩味的東西。有華麗的切入論點，讓人不禁喝采，也有一些回答讓問題更深入且讓我們為之沉思。這些內容，將隨著你一路走來的人生或現在的境遇，帶來各種不同的意義。

我希望讀者也給孩子們讀讀這本書。然而，真的想深入玩味，請三不五時拿來重讀。就算你已經長大，不再是小孩了，都可以一再回味。

當你從「前進」的壓力中抽身，進入哲學開拓出來的世界，應該可以聽到「來，停下腳步！」的聲音。

大人就是懷抱遙遠思念的一種存在——熊野純彥

1 我什麼時候才會長大？

當個獨當一面的小孩，也是一種生活方式——野矢茂樹小孩子可能同時會有想要早點長大，以及不想變成某些大人的心情。「何時才會長大」這個問題，必定包含這種矛盾心情。

然而，究竟想要成為哪種大人，抑或不想成為哪種大人？大人是憑什麼被視為一個「大人」？那不僅止於年齡大小的問題。

我們究竟賦予「大人」這個模糊的詞彙什麼意義和感覺呢？

大人就是懷抱遙遠思念的一種存在

熊野純彥

假設我們說：「那個人好像一隻貓。」由於開頭就從「那個人」談起，任誰都瞭解話題是在討論某人。

人類不是貓科寵物，也不能成天睡覺度日。這句話的意思應該是「那個人很任性」。

大人跟小孩這兩個詞也是如此，有點相似又有些許不同，具有特別的使用方式。讓我們先從這一點來思考。

比方說，有時我們會指著一個年過四十歲、「了不起」的大人，說他「是個小孩」。有時卻會對一個剛上國中、「真正」的小孩，說他「變成大人了」。由於第二個例子跟我必須回答的內容有關，我們先來思考第一個例子。

對一個活了四十年的男人說他是「小孩」，有各種可能的情況。有可能是他完全不工作，或是就算有工作、也無法對自己的工作負責，或是無法體會別人的心情等等。雖然沒有辦法深入探討，起碼當我們帶著批評的語氣、說他是個「小孩」時，大都帶有「任性」或「只想到自己」的意思。

事實上，小孩就是這樣的生物。小孩有時非常「任性」，有時又非常「殘酷」。這一點情有可原，因為小孩幾乎不理解「自己以外的事物」，也沒有理解的必要。

當小孩理解到世上有一些跟自己一樣重要或無可替代的人事物，恐怕才能藉由理解這些人事物，踏入「長大」的入口。在那之前，他就只是「小孩」。就某種意義上來說，原本的他是一個「幸福」的小孩，現在卻不得不開始思考自己以外的人事物，逐漸感受到跟自己差不多重要、甚至比自己還重要的東西。

那可能是某種東西、某件事情、某人或某個夢想。我們不知道是哪一種，但其實無所謂。

如果再補充一句話，這大概只是一個入口而已。真的要當上大人，我覺得還需要失去重要且無可取代的東西，甚至放棄某些重要的東西。

在那之前還是「小孩」的人，到了那個時候，就會開始感受到「苦澀」或「思念」，因為這兩者都是小孩難以理解的感情。畢竟那是一種對於想要得到卻觸及不了，或是不會再回來的人事物的一種遙遠思念。

當個獨當一面的小孩，也是一種生活方式

野矢茂樹

有一種說法叫「獨當一面」，指可以一個人確實完成工作。做不到的人可能會被叫作「半弔子」。一般來說，獨當一面多半指大人，而小孩就還是半弔子。但是「獨當一面等同大人」這句話，並不是那麼貼切。事實上，半弔子的大人大有人在。那麼「獨當一面的小孩」又如何呢？你覺得有這種人嗎？

所謂小孩到底是指什麼？是指年紀很小嗎？確實，在這種意義上會稱作「小孩」。可是我們有時也會用「老頑童」這個詞，這時，「童」指的就不單是年紀小了，而是某種特徵。這項特徵是年紀小的人具有的典型，但是在老人身上也看得到。

那是指身體沒有發育成熟嗎？也有一種說法是「孩子氣」。無論身體有沒有發育成熟，一定是有某種特徵，才會被稱為小孩。

既然如此，那項特徵到底是什麼呢？年紀小的人具有的典型，年紀大的人也可能有。那種「小孩」般的特徵到底是什麼？

我認為是「玩樂」。大人當然也會玩樂，只是小孩玩得更凶。遊戲是小孩子生活裡最重要的事物。在遊戲中，失敗可以一笑置之。小孩免於面對現實的嚴苛，可以做各種嘗試並且失敗，但是那些失敗可以笑著帶過，繼續無數次的挑戰。那就是遊戲。

於是，這成為所謂出社會前的演練，在年紀還小的時候玩樂並體驗各種失敗，最後再踏入社會。出社會後，當你開始在工作上承擔責任，就無法以玩樂的態度帶過了。到那一刻，你長大了。

但是，這不是這麼單純明瞭。如果說失敗可以是一笑置之的遊戲，那為什麼不能將整個人生當作一場遊戲呢？所謂的社會，不就是人所創造的事物嗎？如果我們帶著這種超然的眼光看待社會，社會整體看來就像一個大型遊戲。失敗雖然是不得了的事情，但不過就是那樣，就去遊戲世間與人生吧。這也是一種生活方式。

雖然一開始，我用了一種奇怪的說法，提到「獨當一面的小孩」，但是我想說的是，有人培養出徹底遊戲人生的態度。那些人以一種清醒的眼光觀察社會；然而，就如同你們認真地遊戲一般，他們也認真地活著。

小孩從遊戲步入社會，成為大人，但以生活方式來說，也有可能從大人再度成為小孩。就這層意義來說，當個小孩也無妨。話說回來，要當個獨當一面的小孩，似乎必須先長大才行。

身體化為遺體，人則是消失不見——清水哲郎

2 死後會怎麼樣？

我們藉由死亡的概念來約束僅有一次的人生——雨宮民雄

許多孩子一想到父母死了該怎麼辦，就害怕得不能自已。這是一種害怕失去重要的人的恐懼。然而這種悲痛的情緒，卻又不同於面對自己的死所帶來的「恐懼」或「不安」。我無法理解當我回歸到「無」究竟是怎麼一回事。相反地，這也是面對自己目前「存在」的事實。我存在於此，光是這樣就足以讓人頭暈目眩了。

身體化為遺體，人則是消失不見

清水哲郎

東日本大震災對日本人是相當大的衝擊。無數寶貴的性命如此毫不留情地在一瞬間消失，實在令人無言以對。死了以後究竟會如何？這個問題如今成了日本人發自內心的吶喊。

地震過後，搜救任務持續不斷地展開，希望起碼找出遺體（人的身體死後稱為「遺體」）來憑弔並安葬。身體「死亡」，指的是停止動作並且無法再次運作，從而開始變質（僵硬或腐敗）。因此就身體來說，這種變化就是對於死後「會怎樣」的回答。

但是我們真正想知道的，應該是「那個人究竟會怎樣」。「那個人」指的是「交流的對象」。如果沒有存活的身體相伴，確實是無法進行交流。然而，「那個人」指的並不是身體本身，而是我們長久以來構築出人際關係的對象。是叫了會有所回應，感情好但有時也會爭吵，吵過之後又會和好的那個人。

因此「那個人的死」，意味著將與那個人「永遠分離」，也就是交流從此斷絕，並且無法再度開啟。換句話說，就是該對象消失不見了。所以，我們眼前的問題指的其實是「消失不見——那到底會變成怎麼樣？」答案可能是：「不存在於任何地方。」但是人們自古就設想出死者死後前往的地方，藉由語言建構出死後的世界，安慰彼此，說死者「就在那個世界」。即使沒有證據顯示有那種地方，長年以來我們還是這麼告訴彼此，所以這麼說也無妨。

這個問題同時也在問：「我死了會怎樣？」在這種情形下，死可比擬為睡眠。當我們熟睡的時候，不會有感覺或想法，也不會思考（等於沒有意識）。「我」並沒有在思考任何事物，連「我什麼都沒在想」這一點都沒在想（雖然醒來之後就會繼續思考）。死後，也許就是變成這種「沒有意識」的狀態。如果是這樣，我就是「一直處於」沒有身體，而且「什麼都感覺不到的」狀態。這跟睡著的情形不同，不會再度感覺到任何東西。假使如此，就算「我一直這樣」，這不就跟「無」沒有兩樣嗎？

我們死後的狀態，也許就像在做夢。我的身體處於沉睡狀態，而我在夢裡的世界有各種感受與想法。也許，我在離開身體的死後世界中，就會如同做夢一般，一直活在生動鮮明且合乎邏輯的故事裡。我無法斷定「沒有」那種世界，因為人類自古以來不斷想像有那樣的世界。另一方面，我也無法斷定「有」那種世界，因為我沒有任何證據。

我們藉由死亡的概念來約束僅有一次的人生

雨宮民雄

對於生命的終點，我們可以進行思考或論述，但是對於死亡的開始或死亡的狀態，卻無法思考、論述。如果有可能，我們應該會聽到一、兩個故事，述說一個人並非在這個世上經歷生老病死，而是一開始就出現在死的世界，並且不斷持續死亡。但是我從來沒聽過這樣的故事。

要看到東西必須有光，在無光的黑暗之中，什麼都看不見。同樣地，要能夠思考或論述，必須具有五感可以掌握的具體資訊。因此，對於無法獲得任何資訊的死亡開端或狀態，我們是無法思考，也無法論述。

話雖如此，我們相信物體在黑暗之中跟在明亮處，是一樣的形態。就算在黑暗中，也可以像在明亮處一樣碰觸物體；據此，我們在黑暗中也能超越視覺的極限，看到物體。同樣地，面對死亡這一切的終點，我們也可以超越個人的極限，去思考並論述死後的世界。在這種情況下，儘管沒有任何憑據，我們依然不斷思考並論述。人類是很特別的生物，在面對能力的極限或事物的極限時，不會就此回頭，而是選擇再往前行。

死後的世界被分成天堂或地獄。據說行善之人會前往天堂，而作惡之人將墮入殘酷的地獄。這種說法代表什麼意義？那就是藉由天堂的形象來促使人「行善」；並藉由地獄的形象來告誡人「不要作惡」。也就是說，死後的世界像是「一切都結束後的狀態」，這種說法如同在討論「和尚的髮型」一樣奇妙。而死後的世界就是藉由這種說法來提醒我們在世時應該如何過活。

仔細想想，其實日常生活之中也會出現同樣不可思議的東西。那就是未來。雖然很多人會認為未來指的是不久之後會體驗到的時間，但其實不然。未來與現在或過去不同，是被設定為尚未體驗的時間。在日常生活中，我們可以只靠著現在和過去就能存活。雖說如此，也有人無法滿足於隨波逐流的人生，想要活得更有主體性。對這種人來說，他們會仰望著未來活下去，而那未來的形象是一個幸福的國度，也就是天堂。

「死了會怎麼樣」這個問題，有時候可能是想從現實生活逃避而產生的放棄念頭。但是人類在漫長的歷史中不斷提出這個問題，不禁讓我覺得這可能是人類存活下來的一種作戰方式。

人類藉由醫療來延長壽命，或是留下子孫以延續生命。至於僅有一次且無法重置的人生，人類則是進一步地藉由不斷想起死亡來提高人生水準。

就算不念書，也不會立即對人體造成影響——土屋賢二

3 一定要念書嗎？

你現在就位於一切的起點——齋藤慶典

我們在學校裡被迫學了很多不知有沒有用的東西。連大人都無法好好回答那些東西究竟有什麼用，只是一味告訴你一定有用。其實，讀書不一定要派上用場，讀書本身就很吸引人。或許你會想，為什麼不能隨心所欲選擇自己想學的？這是不對的，就像你懷疑自己要不要活下去一樣。

就算不念書，也不會立即對人體造成影響

土屋賢二

不念書也沒關係，因為就算不讀書也不會死。

如果你不會減法，找錢的時候被騙了，你也不會注意到，不過這不是什麼大事。從大阪以時速五十公里往東京行駛的汽車，與另外一輛從東京出發的汽車，如果要在名古屋會合的話，從東京出發的汽車要以時速多少公里行駛？算不出來也沒關係，頂多是碰不到面而已。電視或網路上發布緊急通報時，如果不識字，最壞的狀況不過是因為來不及逃生而死。

很多事情雖然會少一點樂趣，還是能樂在其中。像我不懂「越位」的規則，足球比賽還是看得興味盎然，只是有時會有點疑惑而已。就算不懂規則、戰術或選手的位置，只要忽略解說員的講解就沒問題了。

只是你要做好心理準備，一定會經常感到悔恨。「你怎麼過了這麼久還不能決定啊，難道你是海森堡(1)？」如果你不懂物理學，聽到這種吐

1 譯註：海森堡（Werner Heisenberg, 1901-1976）為量子力學的創始人之一，提出「測不準原理」，又稱為「海森堡不確定性原理」。

槽也笑不出來。這不令人惋惜嗎？還有想在廁所牆上亂寫一首五言絕句也沒辦法，這不教人扼腕嗎（我也是感到扼腕的人之一）？

不念書雖然不會馬上死掉，但是想要活下去的話，會相當辛苦。不管吃東西或窩在家裡都需要錢。想要燈光、電視、手機或遊樂器，也需要錢。如果你不想花錢、想自己做收音機的話，以我的經驗來說，會做出一台只能發出雜音的收音機，而且比買的還要貴。不管是用水、用電，甚至買金屬棒探測水源都需要錢。想賺取金錢就需要讀書。不論是當醫生、律師、鍋爐技師或公車司機，都需要讀書。就算是務農或捕魚，不讀書也無法賺取收入。以現代社會的結構來說，不透過持續的學習、習得龐大的知識，根本無法選擇想從事的職業，也賺不到錢。到時候，你只能懊悔自己不是生在原始社會。

然而，讀書不只是為了活下去而已。難道你不想知道宇宙是如何形成的嗎？或是物質是如何構成的？心究竟是什麼？活著有什麼意義？這些事情你都不想知道嗎？為何會生病，為何每個人都長得不一樣，為何會有遺傳，何種經濟政策比較有用，你都不想知道？你不想讀讀那些風靡全球數百年的故事嗎？千年以前的人在想些什麼、如何過生活，你一點興趣也沒有？

學者為了瞭解這些事物而讀書，但那不是為了任何目的，而是理解本身就是莫大的喜悅。你可能會認為學者每天都在讀書一定很痛苦，其實他們是在貪婪地享受持續一生的快樂。如果錯失這種樂趣，不是相當令人惋惜嗎？

你現在就位於一切的起點

齋藤慶典

讀書究竟指的是什麼？是學習嗎？那學習要做什麼事？是指學會什麼嗎？比方說加法、江戶時代的開始、單槓翻轉的訣竅……等等，這些確實都是學來的。但是學到東西並不等同於學習。學到東西雖然是學習的結果，也就是經過學習得來的，但是學習本身跟之後伴隨而來的東西是不一樣的。

如果你是為了要得到那個結果而學習，那是你的自由，沒有人會阻止你。但是照這樣來看，結果就是你不會去學習不想要的東西。也就是說，有沒有必要學習都會變成結果論。如果以這種角度來看待學校的學習，只要學將來派得上用場的東西就好，感覺以後派不上用場的東西就置之不理。說得更明白點，如果學習只是為了最後能夠考上好學校或者畢業，只要鑽研如何在考試上拿到足夠的分數就好了。其實，說穿了就是這麼一回事，根本不需要去煩惱為何一定要讀書。如果要把學習當成學會某種技術，或是為了拿到證照之類的，那問題就簡單了。

但是那本來就跟學習沒有任何關係。學習這件事情只要發起就可以了，不管結果怎樣都沒關係。想必沒有人會去學習已經會或已經知道的事。也就是說，為了學習，一定要去認識你沒見過或是就算知道也完全不懂的事物。你一定會遇到某件事讓你不知如何是好的狀況，而那種東西不曉得會從何方殺過來。如果你能事先預測從何而來，那是因為你已經知道一些相關情報了。其實，這已經是學習帶來的結果，而學習本身發生在這之前。

如此來看，學習是你主動去接近某種未知或不明就裡的事物。更正確地說，是這個事物碰觸到你。其實從你出生以來，這種事情不斷反覆上演。誕生在世上，也是一件突然落在你身上的嶄新事物。更正確地說，應該是你自己落在這世上。現在你身邊，應該還是不斷發生不得了或是你沒見過的事情。

如果這就是學習，那我們的話題已經不侷限在「為何一定要」這樣小家子氣的問題了，因為你已經處於一切起始的原點。在這個起始之後，以結果來說，你會學到某些東西，但這個起始本身並不是學到什麼，而是「承受」某種東西。如此一說，好像又有什麼嶄新的事物從你身邊通過了。

在混亂之中找出秩序——大庭健

4 聰明跟愚笨是什麼？

在一定的框架內，推導出預期正解的能力——中島義道如果以考試分數來說，好壞是可以排名的沒錯。但是顯而易見，我們沒辦法依據腦袋好壞的程度為他人排名。以運動能力來說，大家都認同每個人各有不同；這就跟問柔道強的人跟網球打得好的人，誰比較擅長運動一樣愚蠢。但是一扯到頭腦好壞，我們總是陷入一切都可以排名的錯覺。我們必須從這種愚蠢的錯覺抽離才行。

在混亂之中找出秩序

大庭健

什麼叫腦袋好？當你們這麼問的時候，我想這個問句有各種含義。有時可能在問腦袋好，能辦到什麼？或是怎樣才能分辨腦袋好壞？這類問題是對客觀事實產生的疑問。也有針對價值觀的問題，像是「腦袋好很重要嗎？」「大家一定要以腦袋好為目標嗎？」等等。要思考所有的疑問是不可能的事，因此這裡我們先思考典型的兩個問題。

「腦袋好可以幹嘛？」

我們的世界從宇宙到世間，甚至到腦袋裡，都是由許多各式各樣的東西聚集而成的，有如打翻的玩具箱一樣雜亂無章，乍看之下毫無章法。但是仔細觀察後會發現：其中具有構成的秩序或規則性。而且那種秩序是由某種單純的關係反覆不斷堆疊而成的。

人類藉著找出這種事物的秩序或規則性來構築出文明。所以人類的腦袋在這一點上，比其他動物來得「好」。從這一點來思考的話，「有能力從大雜燴中，找出單純關係的規則性（或秩序）」，就是人類特有的好腦袋。因此，對每個個人來說，「腦袋好」代表能夠在更大的範圍中，更正確地察覺到此種秩序／規則性。

這裡的重點在於，面對乍看之下雜亂無章的大雜燴，能夠自行注意到其中的秩序／規則性。因此，就算你能記得很多別人教的事或是書上寫的事，不一定就代表腦袋好。

「腦袋好很重要嗎？」

如果腦袋好，就算是面對棘手的問題，也能在雜亂的全體之中釐清關聯，並且迅速確實地找出原因。從這一點來說，腦袋好確實是可貴的特點。

但是請注意，我們周遭的秩序是很多樣的。從宇宙秩序、貫穿歷史的架構，到天候變化的規則性、經濟秩序，都是完全不同屬性的秩序。不論腦袋再怎麼好，要全部看透是不可能的。就個人的水平來說，腦袋好代表擅長在某個特定領域（或侷限在那個領域）找出隱藏其中的秩序，屬於一種有限的能力。

如果你注意到這一點，就會瞭解腦袋好，跟跑得快、游得遠或演奏出美妙旋律的能力一樣，都是可喜可賀的。那就盡情發揮吧。

在一定的框架內，推導出預期正解的能力

中島義道

世上有一些人被稱為「腦袋好」；有一些人被稱為「腦袋差」。孩提時代，所謂的「腦袋好」就是指成績好。而成績好，代表能毫不費力地理解課程教的東西，不太需要讀書也能拿到滿分。相對地，「腦袋差」就是不管老師教再多次也無法理解，考試前不管再怎麼讀書都拿不到好成績。

然而，許多大人（那些大師評論家）卻不這麼斷定。他們不斷強調，光是腦袋好未必是了不起。但其實正是他們隨意把「腦袋好」也納入「了不起」的條件之一，才會虛偽地拚命想切割兩者。

算術或國文很好的學生就是「腦袋好」，算不出來或是不會寫漢字的學生就是「腦袋差」。這也可以類比成學生在賽跑時跑得快或慢，或是學生擅不擅長唱歌、繪畫。有些學生只要比別人多花一倍的時間努力學習，確實勉強能「學會」。但是對於中、小學的學生來說，「腦袋好」指的是不需要特別努力，也能全盤理解課本的內容。

如此一來，這種形態的「理解」構成要素很單純：一、在某種條件下，能馬上依該條件回答眼前的問題。二、聽課時，立刻理解老師在教什麼。也就是說，這裡的「腦袋好」是能夠累積某種程度的知識，並且在當下做出準確判斷。能夠「理解」學校的課程，就是在一定的框架內，推導出預設的正確答案，這不過就是正確看穿老師（出題者）意圖的能力而已。

這種能力日後雖然也會發揮功能，但是隨著年齡增長，能在升學考試中勝出跟「腦袋好」相較，要求的是一種以自尊或好勝心支撐、「能承受嚴苛修鍊的能力」。所以在偏差值[1]較低的大學生當中，不難找出欠缺這種學習能力、但「腦袋很好」的人。

然而，不管是在學校表現優秀，還是考試成績優異，長大之後，往往

1 譯註：偏差值：日本計算學生學力的公式數值，類似PR值。

無法戰勝另一種「腦袋好」——在缺乏特定框架的情況下，準確判斷來解決問題的能力。這跟在學成績其實沒有什麼關聯。所以學生時代不太起眼的人，將來的事業很可能相當成功；而在校成績第一名的人，到了一間公司工作，表現可能平平。

從上述推論可以得知，孩提時代的「腦袋好」並不保證日後出了社會就會成功。但是在之後的社會生活中，比如說遇到公司需要刪除不必要支出等框架明確的情況，就能發揮能力（這是「腦袋差」的人絕對模仿不來的）。只是在少了特定框架的情況下，這種腦袋好是無能為力的，而且很明顯地，這跟一個人了不起與否，沒有任何關係。

人類雖然很特別，但是每種動物都一樣特別——一之瀨正樹

5 人類在動物界很特別嗎？

很多人認為人類很特別——伊勢田哲治

人類以動、植物為食物，還會消滅「害蟲」或是驅除毀壞農田的動物。雖然我們特別重視人類，卻難以列舉出另眼看待的好理由。而且以人類為中心的生活，總會讓人覺得沒道理。但是不特別重視人類的生活方式，似乎又找不到非做不可的明確理由。現今這兩種想法的人都有，而這兩種生活方式也互相對立。我們到底該怎麼做？

人類雖然很特別，但是每種動物都一樣特別

一之瀨正樹

我們人類具有語言、文明與技術，有許多事情只有人類辦得到，比如說讓火箭飛到宇宙或是從海底鑽取石油。我們將人類這種特別的地方稱為「知性」。這種知性在黑猩猩等動物身上多少可以見到，但我們不承認其他大部分動物具有知性。從我們眼中來看，候鳥或昆蟲的行為靠的是本能而非知性。人類與其他動物相比，在這一點上特別優秀，因此被稱為「萬物之靈」。以上是一般的認知。

然而，有一點我們要想到，這些優劣全是透過「人類的語言」所下的評斷。使用只有人類在用的語言，然後說人類比其他動物優秀，這不是有點奇怪嗎？我們在此可以好好思考一下。

各位能夠理解狗的語言嗎？我們也許聽得懂肚子餓的狗叫聲，但是不像人類之間可以透過語言彼此理解。那麼狗就沒有語言嗎？我們可以斷言狗之間沒有可以彼此溝通的語言嗎？這裡麻煩的一點是：我們要「斷言」狗「沒有語言」，用的也是我們人類的語言。如果我們盡量排除這

一點，並且站在狗的立場努力想像，或許狗也有人類無法理解、但能彼此溝通的語言。

此處的重點在於，我們無法全盤否定這個「或許」。人類以人類的語言自稱為「萬物之靈」並另眼相看。但是或許狗也以牠們的語言來評斷人類，認為我們很貪婪，是一種執著於生活的可憐動物也說不定。如果是這樣，那我們就無法斷定只有人類特別優秀。

不只如此，如果回顧人類的所作所為（戰爭、破壞環境等等），反而讓人覺得動物在道德上還比較優秀。牠們單純地活在當下，然後爽快地接受死亡。動物們的生存方式甚至會讓人想用「高尚」來形容。因此，有些哲學家主張這種觀點，認為每種動物都是獨一無二，而且具有令人尊重的價值。

這類哲學家甚至對於「吃動物的肉」這種普遍的行為抱持疑問，認為違反道德。因為我們要食用動物的肉就必須殺死動物。日本人雖然不太會這麼想，但一般來說，「吃」其實和道德有很深刻的關係。雖有各種爭論，將人類稱為「萬物之靈」也許是一種相當自我本位的說法。這一點，或可看作一個深入思考的良好契機。

很多人認為人類很特別

伊勢田哲治

在現代社會裡，人類毋庸置疑確實受到特別的待遇。只有人類被認可擁有「人權」。人權包含各種權利，如生存的權利、表達的權利、參加政治的權利等等。人類以外的生物卻不被認為具有此種權利。就這層意義來說，人類確實是特別的。但是這個答案並未確實回答「人類很特別嗎？」這個問題，因為它不是在探究有無受到特別待遇，而是這種特別待遇究竟有何根據。

也許有人認為人類之所以特別，是因為進化到最高的等級。他們認為人類這種生物為了適應環境，手部與腦部格外發達，還學會了製作工具，因此很特別。但是許多動物也各自適應了居住環境，並且一路演化下來。就「適應」的意義來說，基本上，就跟狗的鼻子相當敏銳，或是蜜蜂會建造美麗的蜂巢是一樣的。反之，如果人類很特別，那蜜蜂跟狗也很特別。況且，如果每種動物都是從共同的祖先演化而來，大家不就都是親戚？誰是嫡系、誰是旁系，何種生物血統比較高貴，就無須分別了。演化論並不能拿來當作特別待遇的理由。

也有人認為，只有人類有許多獨特的能力，比方說，只有人類能使用複雜的語言交流，或是只有人類能分辨善惡等等。但是這世上的人形形色色，不可能具有相同的能力。如果把這種能力當作構成「人權」這種特別待遇的條件，那麼無法自由講話的人，其人權不就可能少於其他人？相反地，黑猩猩或鯨魚也能使用語言，而狗有時看來也能分辨善惡。如果要將這些能力當作條件，卻不承認黑猩猩、鯨魚或狗的人權，就說不通了。

也有人反駁：由於只有人類具有尊嚴，才能擁有人權，而且把人跟動物相提並論本來就不對。很遺憾的是，沒有人能確實回答為何只有人類有尊嚴，或為何有尊嚴。比方說，如果不斷追溯現代人類的母親至數萬年以前，應該會發現人類跟現代的黑猩猩有共同的母親，這個共同的母親有「尊嚴」嗎？沒有的話，那人類是從第幾代開始才具有尊嚴呢？

當然，我們不能因為無法好好說明，就斷言沒有「尊嚴」，甚至應該說一定有尊嚴存在才對。但至少，像這樣對照生物學、然後以邏輯辯證得到的答案裡是沒有的。

6 「喜歡」是什麼樣的一件事？

踏入嶄新的世界——田島正樹

在自己的世界嶄露頭角——山內志朗

喜歡和討厭是完全不同的。就算你討厭某人，也不會一整天都在想著那個人。但是如果喜歡上某人，不管看到什麼都會聯想到那個人。喜歡這種心情，並不只是單純靠自己和對方構成的。整個世界都因渴望那個人的心情而感到充實，還會因為這個人不在身旁，有一種無法填滿的痛苦思念。明明這麼喜歡，為何卻這麼痛苦呢？

踏入嶄新的世界

田島正樹

當我們喜歡上某種東西，總是會產生一種好心情。不知何時、也不知為何，就這麼喜歡上了，有時甚至會因為原因不明，倍感驚訝。

但是我們也不討厭那樣的自己，甚至感到有點驕傲。因為那不僅發現了全新的事物，而且根本像是踏入嶄新的世界一樣。接下來，就連你平常司空見慣的東西，看起來都無比新鮮，甚至覺得耳目一新。其實是因為這種心情，讓你體會到有所成長的滋味。譬如，喜歡上足球，就會去思考下次要怎麼踢或是嘗試新的招數；喜歡上將棋，就會因為想多下幾場而心癢難耐。

如此一來，不禁讓人覺得，尚未接觸到這個世界之前的自己及生活是多麼的可悲乏味。喜歡上某種東西，會讓人興奮地期盼明日的生活，還會一直預見尚未經歷的事情不斷發生。這就有如長大了一點，我們自然會覺得驕傲。正因為如此，我們會想與別人談論自己喜歡的東西，雖然其他人大都無法理解。

事實上，要不是自己有所成長，是體會不到這種興奮之情的。就算這成長不如你想像的那麼了不起，但你確實在成長。

然而，討厭改變自己的人，不會喜歡上任何人事物，也不會特地去接觸新事物。他們不想有所成長，因為改變確實有點恐怖。這種人總是很不開心，而且對別人不好，但其實他們對自己最不好。

我們有時也可能討厭自己曾經喜歡的人，但那不一定是壞事。就算你開始討厭曾經喜歡的人，也不會因此就討厭一切。由於你已經非常熟悉那個人，甚至注意到他討人厭的一面，便不會退回到原本沒感受到那些事情的無聊自我。

就像甜食雖然好吃，吃再多也會厭倦，只從事自己喜歡的事物並沒有你想像的那麼快樂。因為，你已經知道哪些是你喜歡的事物，僅靠這些事物，你的生活會欠缺通往嶄新世界的冒險。有時，就像食物要就著芥末或帶一點辣味才好吃，人生也需要冒險。也因為這樣，當你喜歡上你曾經討厭的人，我們反而更加喜歡那個人。

不管是討厭曾經喜歡的人或是再度喜歡上那個人，我們都是在這個世界裡尋找能夠欣然接受自我的生存方式。難就難在，不愛自己的人是無法愛別人的，但是不愛別人，也無法愛自己。

在自己的世界嶄露頭角

山內志朗

下了一整夜的雪，你早上起床，會因為眼前化為一片雪白的風景而嚇一跳。喜歡上某人也像這樣，世界突然為之一變。你開始注意到路邊的花朵或自己的樣貌，有時甚至感到孤獨。

當你內心小鹿亂撞，一整天想著對方，不管看到什麼都會浮現出對方的臉，那就是喜歡了。

那「喜歡」到底是什麼？一定不是一種心理狀態或心情，我認為「喜歡」是扎根於心，卻只有四分之一能收在心裡的事件。同樣地，我認為「我」並不是心情的集合體，而是從「心裡」滲出、溢出，而以形態／樣貌／動作顯現於外的人。

感情並非只有自己清楚而別人卻不懂，別人也有可能察覺到你的心情。

我會寫這篇文章，是因為世間瀰漫著「麻辣主義」這種東西，不管什麼都認為刺激的東西才比較真實。我認為這實在是令人頭痛的現象，因為強烈而刺激的心情只會使心靈麻痺而且衰弱。

儘管大家很容易認為「喜歡」這種心情是當下所感受到的，但這應該是一種深深滲透進內心的狀態，甚至有可能滲入過深，讓你感覺不到。

戀愛確實需要悸動的心情才能孕育，但是如果把悸動誤認為愛而一味去追求，人生就毀了。愛情與人生何者為重？我們能兩者兼得，或是非得放棄其中一方嗎？我認為追求這個答案也許有點粗俗，但是只在其中一方尋求真理，也不盡正確。

所謂的「喜歡」，其實在某些地方類似祭典，絕對不是日常一般性的東西。從電視連續劇來看，每天都在講愛情；一個人如果沒有喜歡他人的心情，看起來都很可悲。「喜歡」是一劑猛藥、一頭猛獸，有時可能需要，但不見得總是要存在。

花朵綻放之後，總是會枯萎，沒有永遠綻放的道理。喜歡跟花一樣，總有一天會枯萎，但並非就此消失。根部會留下來。

喜歡並非被動地遵從他者賦予的規範性或價值，而是自行定義價值並且創造出自己的世界，將專屬於自己的基礎打在這個世界上。喜歡上的對象包含這世間一切的人事物，但是喜歡上一個人是最重要的。

要觀看自己，必須要有鏡子。在你喜歡上某人之後，才能拿到這面映照出自己的鏡子，才能形塑自己。雖然無法馬上完成自己的世界，但是喜歡這件事，能創造出自己的世界，並在那裡嶄露頭角。

7「過去」都跑到哪裡了？

過去哪裡也沒去，就在「故事」裡——野家啓一

我們怎麼知道記憶是否重現過去——永井均

我們不管何時都處於現在。在我們體會過各種事物的這個時刻，就是「現在」。就算想起過去的事情，那也是「現在的我的感受」。這樣看來，過去彷彿消失到我無法觸及的地方。但不應該是這樣的，過去確實存在。但是在哪裡？我無法離開「現在」，而「現在」並非過去。不對，可是……

過去哪裡也沒去，就在「故事」裡

野家啓一

各位昨天午餐吃了什麼？我在學生餐廳吃了辣味噌拉麵。由於是昨天吃的，所以自然被我的胃消化掉，一點也不剩了。

即使如此，我還是可以回想起手上容器的熱度、辣味噌刺舌的辣味等等。但是我回想起的拉麵碗不冷也不熱，辣味噌不辣也不甜，因為我是回想起昨天的拉麵，而不是感覺到的。而且，如果靠著回憶飯後的飽足感就能填飽肚子，那伙食費保證可以降低。

因此我現在回想起的拉麵，是我昨天感受到的拉麵的二次性記憶形象，也就是複製的想法盤據在腦海中。但是不管再怎麼努力回想，記憶中的拉麵跟昨天真正的拉麵，兩者都無法相比。如果無法跟原本的「正版」比較，那「形象」或「複製」的概念就失去了意義。如此一來，我們回想起的不是形象，充其量是「正版」拉麵昨日給我們的印象。

那麼昨天的拉麵就存在於我的記憶中嗎？我已經上了年紀，很有可能會記錯。如果在餐廳跟我同桌的A學生說，「老師吃的不是拉麵，而是咖哩飯」，又會如何？

於是我對自己的記憶喪失信心，開始掏口袋找昨天的收據。如果我順利找到收據，上面寫著「拉麵三八〇元」，那我的記憶就是正確的。這是靠著「物證」來證實記憶。如果我不巧找不到收據，於是向同桌的B小姐確認，而她說「老師跟我一樣點拉麵」，那我就得到佐證我的記憶的「證詞」。

因此，過去不是僅存在於我個人的記憶之中，可說是存在於物證或證詞所支撐的「共同記憶」中。那種共同記憶就叫作「故事」，而過去自然存在於經由語言編織出的「故事」裡。

那麼，不存在於我們的記憶裡的過去歷史，又是如何呢？比方說，我們從歷史課本上學到關於明治維新的事，書上記載的事實並非我們實際的見聞，而是由歷史學家以龐大的文獻史料或遺物為基礎，從學術角度記載下來的東西。也就是說，那只是以過去共同記憶的「證詞」或「物證」為絲線，編織出的「過去的故事」。

當然，過去的歷史也有可能「記錯」。當矛盾的文獻史料浮上檯面，或是文獻與遺物相違背時，歷史學家就會反覆研究，盡力構築出更具整合性的「故事」。這意味著歷史經常可以改寫。透過這樣的過程，最具實證性及說服力的故事，自然就成了「公認的過去」。雖然是「故事」，當然不單純是虛構的。只要有確實的根據或證詞支持，過去便的確存在於可信賴的「故事」裡。

我們怎麼知道記憶是否重現過去

永井均

過去已經不存在任何地方，卻存在於記憶裡。這是我們馬上想到的答案。只是，我們怎麼確定記憶能夠重現過去？如果是畫在圖上（或顯影在照片上），只需跟實際的情景比較，即可得知那幅畫或照片有無重現那個情景。但是記憶和它所重現的過去是無法比較的，因為過去本身已經不存在。

假設有種生物完全沒有記憶（可能真的有），而這種生物不知為何突然被賦予了記憶，腦海裡浮現自己以前實際體會過的各種事。然而，牠們怎麼知道確實是那樣？如何才能知道腦海中浮現的事情是自己經歷過的事實？牠們不具理解的方法。

如果突然賦予沒有眼睛的生物視覺，面對眼前的景象，牠們會隨即理解那就是外界的景象。因為朝可見物的方向走去，就會撞到那個可見物。藉由身體的撞擊，可以清楚知道所見之物屬於外界。就算所見之物與撞擊到的觸覺兩者都是幻覺，也能藉由視覺與觸覺的結合而認識到

「外界」是什麼。那麼要藉由什麼，才能知道腦海裡浮現的東西是過去？我們沒有類似碰觸外界的那種手段，也找不到任何根據，證明記憶重現了過去。

如此一來，我們要如何認知確實有過去這個東西存在？我們無法像認知外界的存在一般，自然地到達過去的存在。即便如此，這與記憶是否重現過去無關，我們還是能夠理解過去這樣東西一定存在，因為不管在未來我會不會記得，我在寫這一段話的現在一定會成為過去。

那麼，這項認知要如何與記憶確實重現過去這個確定的事實連結呢？這個連結藉由「在寫這一段話的現在」這串文字，現在（那時看到的未來）還存在而達成的。如果我們居住的世界是一個沒有結果殘留的世界（比方說你寫的東西會馬上消失），這個連結就不會成立。但事實上，結果會殘留（寫的東西就此留下）不過是假設性的說法。如果殘留下來的東西，跟過去所寫的東西完全不同，而記憶也以為你過去寫的就是這樣，你也絕對不會知道。即使如此，藉由這個連結，記憶與獨立的「過去」的存在才得以確保。就像藉由撞到所見之物，才能確保「外界」存在一樣。

也就是說，過去並沒有消失到任何地方去，現在就在這裡。

8 爲什麼我們會活著？

兩種「為什麼」——在回答問題之前——神崎繁

這是在問什麼？——入不二基義

人有時會喃喃自語：「為什麼我們會活著？」其實，當你發出這樣的質疑時，一定已經隱約感覺到答案了。因為你知道活著不需要什麼理由。雖然你糾結在否定生命的想法中，你還是希望能肯定生命，而這種心願會以質疑的形式顯現出來。這麼一來，重要的並非如何正面回答這個問題，而是好好審視讓我們不禁如此發問的這個生命。

兩種「為什麼」

——在回答問題之前

神崎繁

也許，平常沒有人會去懷疑「為什麼我們會活著」吧。比方說，我想大家應該都有一種經驗：突然對火車模型或鬧鐘這種理所當然會動的東西「為什麼會動？」，感到很不可思議，然後開始東摸摸、西摸摸，或是把它拆開，最後整個弄壞。還有，當桌上有水而濕濕的時候，把杯子放在上面有可能往旁邊滑動。平常應該不會動的東西，如今卻動了起來，會讓人吃驚地想到為什麼會動。

現在的小朋友應該不會玩這種遊戲了，但是我小時候為了釣螯蝦，會先去抓青蛙回來，然後扭下青蛙的腳，綁在釣線上丟進池子裡垂釣。現在想想實在很殘忍，不過青蛙在一隻腳被扭下來後還是會動。那時我也在想「為什麼會動」，而這當然跟「為什麼我們會活著」這個疑問有關。

然而，小朋友不是只有殘忍的一面，也有溫柔的一面。比方說，小朋友向父母哀求許久，好不容易才養了小狗。由於太過關心，小朋友會在小狗睡覺時輕輕地用手靠近牠的鼻子或嘴巴，確認有無氣息。

平常有生命、理所當然會動的生物，不知為何突然不動時，自然會教人發出「為什麼不動了」的疑問。但是這些平時活著、會動的生物，也經常讓人感到不可思議，究竟「為什麼」會動。

但是，「為什麼某東西會這樣？」這個問題的「為什麼」，不只用在質疑「因為什麼緣故」。

當你做了壞事、被父母或老師嚴厲責備，或是認真投入的課業、音樂、運動等無法順利進展，也許會感到一陣空虛，質疑自己「為什麼自己會活著」？在這種情況下，「為什麼」不是在質疑「因為什麼緣故」，反倒在質疑「為了什麼」。

當「為什麼」用來質疑「因為什麼緣故」時，往往是觀察到自己以外（或是像針對他人一般地針對自己）、會動或有生命的事物，想知道「原因」所產生的疑問。相對地，對自己發出「為什麼要怎樣怎樣」的疑問，則是質疑所謂的意圖或具有意義的「理由」。

但是，就算你如此質疑自己現在活著的理由，生命也不會休息片刻或是停止；即使如此，你還是忍不住要問。這是因為「質疑的自己」與「受到質疑的自己」的步調，在某處有所不合。

這麼一來，這個問題與其說是問句，反倒像是激勵自己或督促自己的一種呼聲。如果硬要探究其答案，也許會變成「Why not？」（那麼，就活下去吧）這樣的答案。

這是在問什麼？

入不二基義

如果你問我「為什麼我們會活著？」，而我回答你：「那是藉由呼吸來吸入氧氣並排出二氧化碳，將攝取的物質轉換成能源……」你一定會生氣，說：「我不是在問那個！」也就是說，這個問題的「為什麼」不是在質疑「活著」的原因或機制（特別是生物學上的原因或機制）。

那麼，「為什麼我們會活著？」的「為什麼」跟「為什麼要去上學」或「為什麼要用功讀書？」的「為什麼」一樣嗎？我覺得不一樣。

上學或用功讀書的「為什麼」在質疑目的或理由，只要講出目的或理由就算回答了問題，比方說「這是為了當一個獨立自主的大人」，或是「因為父母親很囉唆（沒辦法只好用功讀書……）」等等。

所謂某種行為的目的，一般指的是不同於那種行為的事物。「去上學」的目的不是「去學校」這件事本身，而是另一件不同的事情（譬如「當一個獨立自主的大人」）。某種行為的理由一般來說也具有不同於該行為的某項因素。「因為父母親很囉唆」跟「用功讀書」就是不一樣的事。

換句話說，如果「為什麼我們會活著」的「為什麼」，跟上學或讀書的「為什麼」是一樣的意思，這個問題的答案（目的或理由）自然就跟「活著」這件事不同，而是其他的東西。那不就有點奇怪嗎？「活著」的目的或理由竟然跟「活著」別有不同！如此一來，「活著」只是為了達到另外那個「目的」而採取的手段，變成一件從屬於另外那個理由的單純「結果」。

但是「活著」跟「上學」或「讀書」不同，它包含了上學、讀書這些事情，是囊括一切的整體。因此，想在這個整體（活著）之外尋找不同的目的或理由，是絕不可能的目標。

應該說，「活著」這件事情不是為了某些不同的目的或理由而存在，它存在的意義就是要藉由活著這件事，去發掘、品味它本身的「美妙」。「活著」本身就是為了深刻體驗「活著」這件事。硬要說的話，這就是我對「為什麼」的回答。

我說「硬要說」，是因為我認為如果過於強烈認知「活著」的自我目的性，會妨礙深刻地體驗，就像不斷想要睡著反而會睡不著一樣。相反地，就像你一直想著不能睡、最後還是陷入夢鄉一樣，我認為就算你一直很討厭活著，還是在品味活著這件事。

9 怎麼做才能理解彼此？

不可以去思考這種問題——戶田山和久

兩種理解彼此的方式——古莊真敬

有時我們會發現，要讓別人理解自己是很困難的一件事。反之，要理解別人其實也很難。這時，我們注意到了什麼？我們在此面對的困難究竟是什麼？「彼此理解」與「理解」到底是什麼意思？為何如此困難？這個疑問會是一道門，讓我們審視自我與他人之間應當具有的關係。千萬不要一臉得意，覺得絕對無法理解彼此而關上這道門。

不可以去思考這種問題

戶田山和久

雖然可能讓某些人不愉快，但我還是要說，這是個無聊的問題。雖然大家都覺得這個問題很重要，我覺得並非如此。會為此問題煩惱的人有兩種：第一種人認為理解彼此很困難；第二種人則是認為理解彼此是好事。但是這兩種想法都錯了，以下我會依次說明。

首先，要理解別人的心情其實非常簡單，因為人類就是辦得到。有一項實驗讓幼童看圖片，然後對他說：「莎莉跟安正在一起玩，莎莉把球放進籃子後，便離開了房間。莎莉不在時，安把球搬到箱子裡。這時，莎莉回來了。」接著，問幼童問題：「莎莉想玩球了，她應該會去哪裡找？」三歲前的幼童會回答「箱子」，但是四歲以上的孩子就能答出「籃子」。也就是說，幼童學會推測莎莉的內心想法，並且預測莎莉會如何行動。這種能力的基礎似乎是與生俱來的。

以下的說法可能會有人反駁：我想理解的是彼此內心深處真正的想法。原來如此，你想問的是這個。我們不但具有看穿他人心思的能力，同時也能隱藏自己的想法。就像表面贊同對方說的話，心裡其實氣得要死。然而，能夠理解彼此內心深處的想法，真的是這麼棒的一件事嗎？比方說霸凌。最過分的陰險霸凌就是清楚知道被害者內心的想法，知道大家無視被害者一定會讓他難過，而故意採用這種霸凌方式。而被害者受傷的點，應該就是他理解霸凌者的策略。看吧，理解彼此心中的想法不見得都是好事。

其實，心中藏有沒人知道的想法才重要，因為那代表你的個性。你在沒人看得見的內心深處孕育自我。而你傳達那部分的祕密給極少數的人，藉此創造親疏有別的人際關係。這就是隱私愈來愈受重視的原因。如果大家都能藉由心電感應、看穿彼此的內心，生活還會好過嗎？

那為什麼大家認為理解彼此很重要呢？那是因為「理解」還有另一層意思。比方說，你解釋想去讀某國中的理由，父母卻回答你「我懂，但還是不可以」。你可能會覺得他們不懂你的心情。這裡的「懂」不是「知道」，而是「尊重」或「諒解」。這種意義的「理解彼此」更為重要。穆斯林與基督徒也許無法理解彼此的信仰，還是可以認同、諒解彼此，一起生活下去。如何和無法彼此理解的人繼續共存，我覺得這個問題才具有思考價值。

兩種理解彼此的方式

古荘真敬

什麼時候會希望理解彼此呢？

可能是當我們有某個共同的目標，為了達成那個目標，必須共同面對一些問題：譬如現在必須做些什麼、哪些要優先處理、哪些必須延後。我們針對問題達成共識，稱為「彼此理解」。那希望彼此理解的我們，簡單說，就是針對當下的問題擁有同樣的「答案」。

但是在這種情形，真正困難的不是擁有同樣的答案，而是擁有同樣的「問題」。實際上，「問題」這種東西並非客觀而實際存在的，甚至是見仁見智。由於每個人主觀的在意及執著，才使問題化為問題出現。於是我們老是遇到一些人，針對問題給予（從我們的觀點來看明顯）狀況外的答案。其實，我們覺得是問題的地方，那個人很有可能一開始就不覺得有問題。我們四周到處是這樣的人，難怪我們會覺得「唉，為什麼大家都不懂」而嘆氣或焦躁。講難聽一點，不論那個問題對自己有多重要、深刻，終究是對自己而言，搞不好只是自己的堅持創造出來的幻影罷了。也許，那本來就不是實際存在的問題，當然也無法期待一致的「答案」。

這樣思考的話，要怎麼做才能「理解彼此」呢？這個問題最後似乎會回到另一個問題：如何才能「理解」彼此的「堅持」。我們在探討這個問題時，往往會將「堅持希望別人理解自己的堅持」（對堅持的堅持＝堅持的二次方）加諸其上。如此一來，問題變得更加複雜，讓我們陷入所謂「自我意識」及「尋求認同」的泥淖中。唉，真是傷腦筋啊。

儘管如此，從我樂觀的預測來看，通過那片泥淖之後，應該就會海闊天空了。不同於「對問題擁有共同的答案」，那是另一種「理解方法」賦予的希望。比方說有一天，我們只要理解「你以你自己的方式存在」這一點，對某些問題不就有了一致的答案嗎？每個人「自己的人生」，對其他人而言都是難以共享的。也許那時，我們就可以共享那個「難以共享」的部分。

好好思考，其實意外地困難——柏端達也

10 怎麼做才算是思考？

思考就是創造觀看並改變觀看——野矢茂樹

這世上沒有思考方式的手冊。所謂思考，就是在沒有道路的地方開闢道路。那要如何才能學會「思考能力」？而且所謂的「思考」究竟是在做什麼？有時候，有人會對你說「請你再好好想想」。但是所謂的「再好好」到底要怎麼做才好？大人或老師總是輕鬆地把「思考能力」掛在嘴巴上，那到底是怎麼一回事？那才是應該先好好想想的地方。

好好思考，其實意外地困難

柏端達也

我在思考有點複雜的問題時，經常會以一種緩緩畫圓的方式，在房間中繞步。某一天，我發現我總是以逆時鐘的方向走。為了實驗看看，我改走順時鐘方向，結果思緒怎樣也無法歸結。似乎是行走方向與平常不同，有一種被插入鐵絲的感覺，害我無法靜下心來。對我來說，思考時似乎絕對不能順時鐘行走。

當然，思考的內容很重要，而且要明確針對某些東西去思考，不可以被其他事物分心。當你在追求正確的數值時，如果有各種不同的數字在你耳邊細語，你一定會堅決驅除那個噪音。

身體的奇怪傾向雖與思考的內容無關，卻會妨礙思考。如果跟內容無關，我們也許不會注意到它造成的妨礙。雜音因為部分與內容有關，明顯會阻礙思考。但是還有其他事物，儘管和內容關係很深，卻不會被意識到並左右我們的思考

我們總是說，先入為主的觀念無意間縮小了人們的思考範圍。比方

說，搭飛機當然要坐著。但假使脫離這項常識、自由思考的話，也許可以想到一個方法，讓所有乘客像通勤電車一樣站著搭飛機也不一定。這是一個既有效率又劃時代的方法。一旦你意識到先入為主的觀念，它就不再是「先入為主的觀念」了，不過它還是具有影響力。就算聽說有這種新的搭乘方式，你應該還是想坐著搭飛機，因為不是劃時代就一定好。

隨著主題或內容的不同而有無數先入為主的觀念，而我們就是被這些觀念限制住。我們無法意識到全部，也不該去意識。時間有限，我們要先將無數的事情視為理所當然，才能開始思考。先入為主的觀念使思考內容狹隘的同時，也讓思考化為可能。

此外，人經常對自己想相信的事情內容，毫無根據也毫無自覺地進一步將其真實化。比如持平來看，自己並不差。這種想法也許會產生一種願望，希望差的不是自己。

然而，並不是所有事情都可以照你的希望去思考，事實上剛好相反。有個故事叫〈紫鏡〉。內容大概是到了二十歲，如果還記得紫鏡的事就會馬上死掉。紫鏡可怕之處就在於，在你努力不去想紫鏡的過程中，根本無法不去想紫鏡。

那麼要怎麼做才好呢？要令人滿意地思考似乎非常困難。有各種東西在不知不覺中左右了思考，而且大部分都存在於自我的內部。這些東西有一部分構成思考不可或缺的前提，因此無法全部去除。這讓我們覺得似乎沒有使用手冊可教我們進行令人滿意的思考。也許這樣就好，只要我們經常意識到，自己的思考可能因為自己而扭曲到意料之外的方向去。我能說的最多就是這些吧。

思考就是創造觀看並改變觀看

野矢茂樹

讓我們稍微繞點遠路，先從「看」這件事說起。

隨便先看看什麼都可以。觀看某種東西並非只看到那樣東西，同時也看到其他無數相關的東西。比如桌上有一本書，那本書有作者，有許多負責印刷的人，有賣那本書的書店，或是其他也在看那本書的人們。那本書就與這些無數的人事物產生了關係。有了這些關係，你才能看到那本書。所有事物都與其他無數的事物有關，我們觀看事物時，就包含著這一切。

只要關係的狀況改變，就算事物本身沒有變化，看法也會改變。有時是細微的改變，有時卻是大幅劇烈的改變。假設朋友的心情不好，我們會認為他不爽某些事情。但如果他是因為你方才說的某句話生氣，那該怎麼辦？你一旦得知原因，朋友生氣的表情看起來是否有所不同？原本你認為他的不爽跟自己沒有關係，但你現在知道是你的一句話惹惱了他。你會在之前不曾注意到的關係中，重新理解朋友的態度或表情，而那個態度或表情會成為新的看法。

不管什麼東西都跟其他的東西有關，我們思考的就是這種關係。而思考構成了觀看。於是，就像你知道朋友不爽的理由在於你，當你找到新的關聯，那個看法也會隨之改變。思考就是在創造觀看並改變觀看。

不如反過來說，創造觀看並改變觀看，就是所謂的思考。

還記得在之前某一回，我提到喜歡上某人，世界就會轉變嗎？喜歡上某人，許多事物都會跟那個人扯上關係，開始被看見。有快樂的事，會想要跟那個人分享。自己一個人的時候，會想到那個人不在身邊而感到寂寞。許多事物都和那個人扯上關係，如此一來對世界整體的看法也將逐漸改變。

當我們抱持疑問去思考答案時，也是為了抓住尚未明朗的關係。這個禮拜天要如何度過？——也許跟你眼前的書有關係，也許跟水族館有關係。當你這麼想時，也許電影廣告會映入你眼底，讓你覺得就是它了。

追求喜歡的人和追求問題的答案的心情，都會讓我們基於一種全新的關係，以嶄新的角度看待事物，這就是所謂的「思考」。所以就算你自己沒有雙手抱胸、發出沉思的「嗯嗯」聲，全世界也還是在思考。

只要有調查方法，就能帶給我們值得信賴的答案——伊勢田哲治

11 科學是萬事通嗎？

世界沒有簡單到可以完全理解——柴田正良

這個問題不是在討論科學家有多厲害，而是一個根本問題。假設科學家跟超人一樣厲害，將科學的進展提升到極限，那時科學是否能解釋世上的一切？科學有極限嗎？如果有的話，為何？還有，科學是理解世界真實面貌的唯一方法嗎？我們有時應該也是用科學以外的方法去理解世界的樣貌。如果確實如此，那又是何種理解方式？

只要有調查方法，就能帶給我們值得信賴的答案

伊勢田哲治

當然，科學不可能是萬事通，現在的科學甚至連「明天會下雨嗎？」這麼一般的問題都無法確實回答。

透過科學無法明白的，不是只有未來的事情。比方說發生殺人案時，會採用一種「科學辦案」的方式。也就是以科學分析犯人留下的指紋或毛髮。有時可以抓到犯人，有時卻抓不到。其實，聰明的犯人根本不會留下指紋或毛髮。就連過去的事，也不是全都可以靠科學瞭解的。

那現在的事情靠科學就可以全部瞭解嗎？你可以問科學家「有外星人嗎？」看看，他一定會回答你「不知道」。目前沒有外星人存在的證據，也沒有不存在的證據，所以這種時候只能說不知道。

有這麼多無法知道的事情，反而會讓人想改問：「靠科學可以知道什麼？」科學一路以來闡明了許多事物，比方說，這個世界是由什麼構成的？這個世界有何種力量在運作？科學闡明這些事物所帶來的知識，已經活用於我們周遭的所有產品。例如「一般相對論」這種感覺很難的物

理學理論，甚至應用到衛星導航上。生物體的構造或生病的原因等，也藉由科學不斷為人所知，以前無法治療的許多疾病現在都能治療了。所以，儘管靠科學無法瞭解的事情很多，可以瞭解的也很多。這樣已經夠厲害了。

但是我們不要在此打住，讓我們更進一步想想。靠科學可以瞭解與不能瞭解的事物，之間的差別是什麼？

一開始所舉的例子，如明天的天氣、殺人案嫌犯、外星人，這些東西的共同點在於「無法調查」。對於這些事物，也許可以問占卜師，然後得到「犯人是管家」的答案，但那是所謂的「神鬼之說」，自然不是科學。

相反地，針對有調查方法的事物來說，科學能帶給我們值得信賴的答案。許多事物，科學都創造出調查方法。藉由各種要素的組合，如顯微鏡或望遠鏡等觀察工具、高精密度的實驗方法、用於分析結果的統計學方法，科學調查可以得出非常可靠的資訊。你只要想想看「算命」能不能做出衛星導航就好。

換句話說，科學的特徵可以說是一種方法，對於調查對象，可以得出相當可靠的資訊。此外，科學還有一個重要的特徵：面對無法調查的東西，不輕易回答。回答不知道是否有外星人存在，也是科學的優點。

世界沒有簡單到可以完全理解

柴田正良

如果我們試著想想所謂「理解」到底指什麼，應該就能理解科學不太可能是萬事通。當某人說他懂了什麼，通常可能有兩層意思：(a)就像以自己的眼睛或耳朵確認事實一樣，「原封不動地接受」；(b)基於自己接受的事實「加以說明」。

然而，不論是物理或化學等自然科學，或是社會學與經濟學等人文科學，科學提供的「說明」，基本上回答的是「以何種方式變成那樣（how）？」，而不是「為什麼會那樣（why）？」。這兩種問題非常容易混淆，但是前者尋求「從原因做法則性的解釋」，後者追求的則是「從理由來正當化」。就好像「為何一到春天櫻花就會開？」與「為何不可以偷竊？」這兩個問題的差別。

因此，我們就先假設從量子力學到心理學等所有的科學解釋都順利結合起來，對於各自負責的領域都能巨細靡遺地解釋。但是就算在這種不可能的情況下，對於(a)那種事實、也就是一切解釋說明最初的根據，人們依然會問：「那是因為什麼方式形成的（how）？」應該說，人們會忍不住想質疑根據的根據，像是「宇宙的起始為何是那樣子？」。

因此，在這種情況下，「解釋」會發生何種狀況？應該只有以下三種可能。一、不斷追溯解釋的根據，解釋不完；二、用Ｍ來解釋Ｌ，然後用Ｓ來解釋Ｍ，但是能夠解釋Ｓ的又是原本的Ｌ，如此形成一種不斷循環的解釋；三、受不了無限追溯根據，在某個地方擅自停止解釋。

這三種情況，不管哪一種都無法用科學解釋，也就是留下「不清楚」的地方。

如同前述，「為什麼（why）」這種「從理由來正當化」的問題並不是科學問題，因此它的答案（如果有答案的話）也不是可以靠科學得知。譬如，只要是人都忍不住想問：「為何這個世間會有惡？」而不少哲學家認為這種問題才有質疑的價值。

舉例來說，為何你的父母會在這個世界上邂逅？你為何會被生下來？就像自古希臘時代以來不斷質疑「為什麼是有而不是無」的許多哲學家一般，正因為人類是有限的存在，才會忍不住質問許多無法透過科學得知的事物。世界充滿謎團，所以才有趣。

「壞事」跟「不能做的事」的關係——大庭健

12 什麼叫作壞事？

並非「沒有比較好」——田島正樹

攝取過多鹽分對身體有害，是指攝取過多的鹽分會對健康造成不好的影響。那麼，單純只說「壞」的時候，到底是對什麼不好？又或者，那不是針對某個事物，而是所謂絕對的壞（惡）？但是「絕對的壞（惡）」又是什麼？它並非對什麼不好，而是本身就是惡。有這種東西存在嗎？

「壞事」跟「不能做的事」的關係

大庭健

「壞」這個字連幼稚園的小朋友都會用。譬如，一個人無精打采地回家，家人問他「發生了什麼壞事嗎？」，他能馬上理解問題指什麼；或是雨天去奶奶家時，奶奶告訴他「天氣這麼糟，你還肯來」，他也馬上知道奶奶為何高興。不只如此，當他受到責罵「不可以再做壞事了！」，他也確實知道指的是什麼。然而，當我們被問到「壞究竟是怎麼一回事？」，又該如何？就算是大人，也相當難以說明。

「壞就是不可以做的事」，這聽起來也許很容易懂。那麼「不可以做的事」是指怎樣的事？如果回答「不可以做的事就是壞事」，這樣根本不算解釋。是的，這樣下去最後只能回答「壞事就是壞事」，或是「不可以做的事就是不可以做的事」。

那麼，「壞」事跟「不可以做」的事之間，難道沒有任何關聯嗎？這是不可能的。當你仔細思考過、知道某件事是「壞事」，你就會努力避免。只要你知道「壞」這個字的意思，理所當然就會如此。如果嘴巴上說這是「壞事」一件，卻絲毫沒有罷手的意思，那代表你並不覺得「壞」，最多只是以「社會一般認為這是壞事」的定義，來使用「壞」這個字而已。

那麼，壞究竟是指什麼？壞事為什麼就不能做？我想大家應該從小就被教育「不可以做令人不快的事」。那麼「令人不快的事」就是指「不可以做的事」嗎？這兩件事當然有密切的關聯，卻是兩碼子事。打針會讓人疼痛或是被指出缺點，任誰都討厭，但不能因此就說這就是「不可以做的事」。

打針或指出缺點會帶來痛苦，所以大家不喜歡，但是以長遠的眼光來看，都是為了當事人好。也就是說，就算對方討厭，但是因為有這麼做的「理由」，所以不會被認定為「不可以做」的事而被制止。如此來看，在令人厭惡的行為裡，不能做的事會帶給對方「沒有理由的痛苦」。

當然，不能因此而直接定義「壞」等於「帶來沒有理由的痛苦」。因為還有一些難題等著我們，像是到什麼程度才叫「痛苦」，或是「有或沒有理由」是指什麼？起碼，我們可以說「帶來沒有理由的痛苦」構成了「壞」的核心。

並非「沒有比較好」

田島正樹

本身就是壞事的事情其實並不多，就連「任性」或「偷懶」對當事人來說，也許是「好事」。但是如此做的下場多半也不會多快樂。先不論會被其他人討厭，光是自己就會先無聊起來。如此一來，我們就會理解「任憑己意」其實絕對無法使自己滿意。只是我們一開始不會注意到，因為我們認為「這就是人生」。

注意到有所「不足」或某些事是「壞事」，就是你注意到有更好、更快樂的事情的時候；那時我們才知道自己欠缺的是什麼。當我們察覺到了，無論如何都會想要那個欠缺的部分。比方說，交朋友就是一個好例子。一個人玩的時候，會覺得這樣就好。交到了朋友之後，會理解到遠比之前來得快樂，所以就算有時爭執起來，也不至於認為「沒有朋友比較好」。就像你手指頭受傷，也不會覺得「沒有手指比較好」。傷口會痛，是因為身體正在自行努力治癒，本身並不是一件壞事。

世上也有各種「傷口」存在。各個地方都有形形色色的人在痛苦掙扎，但是也不能說「那些人乾脆一開始就別生下來比較好」。對事物下如此單純的結論，犯了非常大的錯誤。話雖如此，我們也沒有必要因為同情痛苦的人，就跟他一起受苦。就像手指疼痛時，你應該不會同情手指吧，而是讓整副身體努力快點治癒傷口。如果身體不健康，也無法指望傷口早日癒合。

如上所述，本身不要存在比較好的「壞」，其實並不存在，只是經常有些「看起來是壞事」。但那就和疼痛一樣，是某處出問題或是必須有所作為的警訊，所以要好好想想或是馬上進行某些治療。

如此一來，純粹的惡意不存在嗎？「霸凌」或「嫉妒」呢？這些行為並不是為了自己的利益。這類行為為了使自己幸福，犧牲他人的幸福；不提升自己，反而去拉下他人。為什麼會有這些行為呢？

其中一個原因，可能是試圖過度與他人同步。如果過度同步到無法區分自我與他人時，就算只是些微的差異，也會理解成充滿惡意的背叛。

人不會對遙不可及的優秀對象感到嫉妒，反而會嫉妒那些與你同類卻稍微優秀的對象。這會誘發不合理的敵意或攻擊性。

所以這些「壞」的處方箋，不是去消滅壞，而是減緩同步化的趨勢，並享受差異處。至少不要把差異視為與協調對立的明顯敵意。同步本身，雖然不一定是壞，但是過度追求同步的「好意」反而會產生惡意。

不面對他者面前的自己，就看不到如何「做自己」——鷲田清一

13 怎樣才叫「做自己」？

「做自己」有時是不負責任且不自由的——熊野純彥

「做自己」如今聽起來是一個很棒的詞彙。但正是這種詞彙，我們才要更加留意。所謂的「做自己」，並非有所根據而認定自己就是這樣。所謂的自我，是更不著邊際的東西。相對地，「做自己」是將怎麼做才像「自己」嵌進框架裡的詞。藉由「做自己」，將理應難以捉摸的自我，以「自己」這個詞嵌進特定的框架。我們必須注意潛藏其中的危險。

不面對他者面前的自己，就看不到如何「做自己」

鷲田清一

突然這麼說有點怪，但是「怎樣才叫做自己」其實是一個很奇怪的問題。提出某個問題之前，想想這個問題怪不怪是很重要的。那麼為何這個問題很怪呢？

這個問題在問，明明有「自己」這個東西存在，卻無法確信，所以只好質疑是否有足以代表「自己」的特徵。

明明就還不瞭解「自己」是什麼，也還不確定是否有這種東西，卻要探究其表現或特徵。如果是因為周遭的人都強調要做自己，所以不禁在意起來，那麼從一開始，這就是個令人覺得沒出息的問題。

假設你真的找到做自己的方法好了，要把它稱為「做自己」，那就已經不是你自己了，因為你將轉向之前沒看到或不認為有的東西。當你學會「做自己」，你不再是原來的自己。當你找到自己的時候，你不再是（原來的）自己……

究竟為什麼要探究自我？我覺得這裡追求的「做自己」，其實是自己想要或想變成的樣子。如果是這樣，那麼「做自己」就是所謂的不做（現在的）自己。

相反地，是否有自己不想要的「真實的自己」存在？如果有那種東西的話，現在這個質疑「做自己」的問題裡，自然已經出現了「做自己」。但是正因為不清楚那是什麼，才質疑它。

如此一來，「雖然一直不懂那究竟是什麼，卻忍不住想問」，就構成了所謂的「自己」。

是的，「做自己」的議題不管以何種形式都會流於空轉。為了要確認自我是否與自我一致，我們才會去質疑「做自己」這個問題，但是這個前提是發問者已經承認自己與自我並不一致。

「真實的自己」、「原有的自己」這些說法都很奇怪，因為當自我這個存在的真實性過度顯眼時，就會故意不去正視在他人面前或他人之間的自我，只對自己質疑自己，將自己置於一種封閉的狀態。

自我對於某個他者而言，總是一個（對他者而言的）他者。正因為雙眼受到這個原因的蒙蔽，「做自己」這個問題才會流於空轉。

「做自己」有時是不負責任且不自由的

熊野純彥

有一個自古流傳的謎題：「十公斤的米落地時會發出聲音，那麼千分之一顆的米落地時會如何？」

你覺得不會發出聲音嗎？十公斤的米跟千分之一顆的米之間具有某種比例，那麼它們發出的聲音應該也具有一樣的比例吧。

雖然我稍微換了一個講法，但這個問題據說是埃利亞的芝諾（Zeno of Elea）曾向普羅泰戈拉（Protagoras）提出的問題。芝諾最有名的就是「阿基里斯悖論」，普羅泰戈拉則是經常扮演蘇格拉底敵人的那一類智者。

我們確實經常使用「做自己」或「這樣做不像自己」等說法，也會說「真像那個人會幹的事」，或是「真不像他」等等。但是這種說法不是有點奇怪嗎？如此描述他人時，我們不就是已經對那個人下了某種程度的定論？但是當事人聽到了可能會生氣，叫你不要擅自決定。

對自己來說，又是如何？用最簡單的方式來說，做自己就是一切都是由自己說的話、自己的行為所構成，可說是你會說出口的事或行為的傾向。但事實上，就連那個傾向都是由說出口的話和行為來決定的。
假設你說了或做了你認為「不像自己」會說、會做的事，比如傷害了朋友或偷懶蹺課。但事實上，你就真的是說出那種事或做出那種事的人，至少你做了一次，或是有時候會這麼做。也許，你只是不願意承認而已，這時就會想找一些藉口。
而且一天到晚說什麼「要做自己」，不覺得有點拘束嗎？
也許自認內向的你，某天也會遇到很棒的對象而下定決心告白，也有可能接觸到一個以前沒想過的有趣運動而樂在其中。像這種時候，「做自己」之類的事其實改變也無妨。
還有另外一個知名的謎題：「當球無法穿過洞時，是球太大，還是洞太小？」這種問題，你不管怎麼回答都沒關係，因為你不知道為了另一方存在的是球還是洞？但是你得到的答案確實都是「你自己」的一部分，而且當你有真正想做的事，現在的「你自己」也許會變得無關緊要。

14 爲什麼美麗的東西就是美麗呢？

「彆扭」之人的推薦——神崎繁

從裝飾性的漂亮到真正的美——鈴木泉

美麗的東西沒有什麼理由。雖然是這麼一回事，如果有人認為你覺得不漂亮的東西很漂亮時，你還是會想問：「為什麼？」那並非要探詢理由，而是想多少瞭解一下對方的看法。反之，當你被問到「為什麼？」，也會對自己的看法產生自覺，而且可能進一步體驗到超越自己以往看法的衝擊。我們要先被奪去語言，才能探究語言。

「彆扭」之人的推薦

神崎繁

春天時，當我們看到盛開的櫻花，會不由自主脫口而出「好漂亮喔」。冬天的晴朗早晨，看到遠遠的富士山籠罩著皚皚白雪，想必任何人都會覺得「好漂亮喔」。

然而，就像古老詩歌所歌頌的一般，「如無櫻花吾等將悠然迎春」（在原業平）(1)，在花朵綻放前就焦躁不安地期待何時綻放，綻放之後卻又擔憂何時凋零。正因為有櫻花，才帶來這種心情，反而覺得沒有櫻花才能以平靜的心情迎接春天。這種有點「彆扭」的心情是可以理解的。事實上，就是因為太美麗才會擾亂人心。

說到「彆扭」，正因為櫻花或富士山自古以來就受人喜愛，反而令人覺得理所當然。所以有些人喜歡梅花更勝櫻花，或是覺得會猛力噴煙的

1 譯註：原文為「世の中に絶えて桜のなかりせば春の心はのどけからまし」，為日本詩人在原業平所作（八二五－八八〇）之和歌，收錄於《古今和歌集》。

粗獷櫻島或淺間山(2)比富士山好。或是像梶井基次郎(3)一般想著可怕的事，覺得櫻花會美到這麼妖豔，是因為有屍體埋在櫻花樹下。又或是像葛飾北齋(4)，已經無法滿足於平常的富士山，而去畫細長的富士山或晨曦所染紅的富士山。他們之所以對傳統／定型化的櫻花或富士山形象提出異議，恐怕也是基於同樣的理由吧。

我們自己應該也有相同的經驗。比方說，當你看到朋友加入少棒隊，穿著整齊畫一的制服，雖然羨慕，同時也會逞強，暗自認為棒球跟足球比起來有夠老土，所以自己根本不想要什麼棒球制服。

事物的價值不是只靠本身來決定，而是隨著時代或文化及各種人際關係而有所不同，這是一部分的事實沒錯。因此，你可能會認為所有的價值都是因人而異。但是當你開始這麼想時，你就喪失了現在自己覺得「漂亮」的基礎。至少現在自己認為的「這個比那個漂亮」的基準，就算不能用語言表現，一定也具有某種形式，你才可以這麼主張。若非如此，自己的「喜好」就不可能改變或是變好。

仔細想想，當有人問你平常覺得漂亮的東西「為何漂亮」時，回答不出來反而正常。因為你自己平常不會去注意到自身喜好的「差異與境界」，但藉由這個問題，將轉而注意到這個「差異與境界」，這麼一來，對周遭世界的看法也會逐漸轉變。如此也許就能夠面對事物的本質，不會被流行或世俗的評論單方面地牽著鼻子走。在這層意義上，「彆扭」或「逞強」都是很重要的。透過這種不同的看法，世界想必會展現出與以往不同的樣貌。

2 譯註：「櫻島」位於日本鹿兒島縣，「淺間山」則是位於長野縣與群馬縣交界處，兩者均為日本知名活火山。

3 譯註：梶井基次郎（一九〇一－一九三二），日本小說家，出道代表作為〈檸檬〉。

4 譯註：葛飾北齋（一七六〇－一八四九），日本浮世繪師，著名作品為描繪富士山之〈富嶽三十六景〉。

從裝飾性的漂亮到真正的美

鈴木泉

當我們看到色彩鮮豔的衣服或鞋子、緞帶、項鍊等服飾品，或是看到演員、歌星及朋友和小孩的扮相華麗整齊時，會不由自主地被吸引而喃喃自語說：「好漂亮喔！」見到夕陽變化細緻的紅色，或是海面平穩搖曳的藍色，我們也會被這些景象吸引而如此低語。漂亮的事物或人的特質，就在於同時展現出華麗或整齊的樣態。

整齊乾淨(5)這個詞就如同「愛乾淨」這個用語所表現的一般，用來表示收拾整齊、清潔乾淨的狀態。但是這個意思僅表示沒有髒污的狀態，由於欠缺華麗、不具魅力，無法使人脫口而出「好漂亮喔」。另一方面，就算很華麗，但如果欠缺整齊的秩序或均衡，就算令人不小心說出「漂亮」，也只是因為華麗帶來的刺激性過強，有時甚至讓人頭昏眼花而無法喜愛。就像聖誕裝飾多到過頭，或是煙火施放過多而飛舞四射，就會超越漂亮而變成華麗，只能說是品味低俗。除了華麗與整齊以外，漂亮的東西還要加上相配的尺寸，才能受人喜愛。就像華麗的萬花筒，整齊的小世界才算是典型的漂亮東西。

所以說，漂亮的事物或人都具有可愛和平易近人的特質。經常有人指出，從盆栽到公仔，我們的文化裡總是存有一種偏愛，迷戀小東西裡蘊含的均衡。但是喜愛小世界的可愛這種感性，為我們讚美漂亮的事物或人的方式訂出了方向。當你覺得某個東西不錯時，並不是純粹的感性在自由運作，而是基於各個文化孕育的共同感性，所以不能將我們對於小巧東西的偏愛置之不顧。

然而，對於小東西及均衡的偏愛，有時可能也會招致小氣或狹隘。有個詞彙不像「漂亮」在日常中這麼常使用，就是「美」這個字。在日常生活裡，會使人脫口而出「好美」的瞬間，其實並不常有。但是與美的事物或人邂逅之後，你的生活方式會大大地改變。這些典型在我看來，

5 譯註：日語中的「漂亮」（きれい）也帶有整齊乾淨的意思。

包括容納我們的大自然，或是貫徹生活方式之士的凜然之姿，還有以音樂為首的藝術等等。我們不是欣賞這些人事物，而是不由自主地受到大自然、那個人或是音符所編織出的空間所吸引，就會脫口而出「美」這個詞。漂亮的東西不過是裝飾品而已。欣賞並享受這些裝飾性的美麗事物很重要，但是真正重要的邂逅是由美的人事物所帶來的。就像小孩要成長為大人時，戀愛扮演了很重要的角色，就是一個很好的例子。

第一步是如何與不同的對象相處——清水哲郎

15、不能沒有朋友嗎？

其實沒有真的「孤單」的人——一之瀨正樹

朋友是不能沒有，還是只是「有比較好」，或者沒有也無妨呢？也許會有人想要回答「沒有也無妨」吧。我也有點贊同這個答案。但如果那句話意味著「一個人也無妨」，那個答案就是錯的。不論我們願不願意，都已經活在與他人的關係之中。好好思考這一點之後，再來看待朋友這個問題，那答案又是如何呢？

第一步是如何與不同的對象相處

清水哲郎

什麼狀況下會問「不能沒有朋友嗎？」這個問題呢？

在你和朋友和樂融融地玩耍後，互道「下次再約」各自離去時，是不會想問這種問題的。因為你會打從心底覺得「有朋友真好」。如果有人問：「不能沒有嗎？」那回答「雖然不知道能不能沒有朋友，但是有朋友一定比較好」，絕對沒錯。

跟好朋友因為一點小事而吵架，分開時說出「我以後不理你了」、「好啊，以後不跟你一起玩了」，就會覺得「朋友根本是無聊的東西，我才不需要」。但總是不免有點淒涼，才會想問這個問題。就是因為會「爭吵」，我們才需要朋友。對我們而言，家人以外的親密對象就是「朋友」了。朋友是「臭氣相投」的對象，是可以「一起做」許多事，是我們的「好夥伴」。除了家人以外，朋友跟我們處於對等地位，讓你覺得「我們是一夥的」。建立這種關係，是從家人向外界擴展人際網絡的第一步。但是朋友不一定會一直與你同在，一不小心也有可能變成爭吵的對象。

家人之間很難真正撕破臉，就算吵架也有可能和好，因為你們原本就同在一起。但是朋友間出了差錯，就會從此斷絕關係。即使雙方都覺得「慘了」，也有可能無法挽回。換句話說，「朋友」就是與自己「相異」的對象相處的第一步。這個世界上還有更多「相異」的人，我們終有一天也必須跟那些人好好相處。為了迎接那一天的新任務就是朋友關係。那麼要如何與朋友相處呢？——我認為彼此間的「相異」點可以「維持相異就好」，試著去與他「和好」吧，對方一定也想跟你和好。

有時會想問「不能沒有朋友嗎？」，也可能是因為要搬家，必須忍受跟重要的朋友分別的辛酸，覺得「其實我也不需要朋友」。也有可能是在轉學過去的新學校裡，尚未融入班級，感到自己有點被孤立，逞強地認為「我一個人也不會怎樣」。

為何會特地去想「我一個人也不會怎樣」呢？正是因為你感覺到「一個人很寂寞」，才會這麼想，並特地質疑：「不能沒有朋友嗎？」如此質疑的人藉由質疑這件事，得出「有朋友比較好」這個答案。感覺「一個人很寂寞」是人類一項重要的能力。人都是靠著「大家一起生活」的方式，在世上生存下來，所以如果無法自然而然覺得「想要一起生活（＝一個人很寂寞）」，那麻煩就大了。

其實沒有真的「孤單」的人

一之瀨正樹

我以前也覺得，一個人做某些事情總是很害怕或害羞。比如說，一個人搭電車或一個人去看電影。你們敢一個人去麵店嗎？長大以後可能覺得沒什麼，可是就是辦不到。但是和朋友一起，就不可怕也不丟臉，就像午餐也是要和朋友邊聊邊吃才開心。相反地，你不會想要一個人吃午餐，卻沒有可以聊天的朋友陪伴，因為那樣很容易被認為是沒有朋友。也許你寧可躲起來吃，也不想被人如此誤解。

那麼，朋友究竟是什麼呢？

有個詞叫友情。同在一起很開心，有困難時則互相幫助，友情就是這樣帶給我們平靜與勇氣。我認為去幫助地震或海嘯的受災戶也是一種友情的表現。所謂的朋友，應該就是與你共度此生、自己以外的他人吧。與你同在這一點最重要。但是，世界上也有一些人感到「孤單一人」、為孤獨所苦，甚至有「孤獨死」的人。與那些有家人、有朋友的人一比，就可以知道「孤單一人」有多悲慘。但是在此希望你好好思考，什麼是

「孤單一人」？是世界上只剩一個人？還是一個人活著？但是，這種事是不可能的。

也許你可以試著這樣想。如果和朋友同在，指的是與自己以外的他人同在，那所謂的同在就不一定是侷限在你面前。也可以透過書信、影像或照片同在，甚至透過回憶、自言自語或想像在一起。我們本來就是由父母生下，使用別人做的東西，依賴從別人那裡學來的東西而活著。我們都是依靠他人活下去。從這層意義看來，我們總是與他人同在。看看那個碗，背後就有製作它的人們。試著去感受一下，一定可以從中感覺到製作者的溫度。而家人或寵物就算過世了，在腦海裡回想起他們，還是可以同在。看書或是觀看街上的景象，摸摸動物、蟲子或植物，一定也能從中感覺到有人，也就是朋友與你同在。假設以前的自己和現在的自己有相當大的不同，藉由自己以外的某人想起並喚醒過去的自己，這時你也跟以前的自己同在了。這麼一想，其實沒有真的「孤單一人」，沒有人是沒有朋友的。不僅如此，連「孤單一人」這個想法本身其實都是別人教你的。試著這樣想想看吧。

你要學會顧慮別人——齋藤慶典

16 怎麼做才算對人好？

對人好是自我實力的證明——渡邊邦夫

要怎麼做才算對人好呢？其實這個問題遠比表面還要難上許多。因為受到母親指責、不得已只好對妹妹好的哥哥，還稱不上是「好」。「好」不是行為的狀態而已，而是與那個人的態度有關。徒具形式的好，不是真正的好。要對人好，自己本身也要變好才行。那麼，怎樣才能成為一個好人呢？

你要學會顧慮他人

齋藤慶典

大家經常說要對人好、對人體貼，究竟該怎麼做？你會這麼困惑，我深有同感。雖然別人要你對人好，你也做得到，但那和真正的體貼有所不同，不是嗎？

要求關懷他人，其實是想藉由關懷為他人做點什麼吧。如果是這樣，為什麼不明確地說出「請你這麼做」就好了？難道不能因為別人吩咐，就照著做嗎？感覺會聽到「不行」的回答，因為必須帶著體貼的心打從心底對人好。不是應別人要求，而是自發性地對人好。

只是這種要求本身不就有點奇怪？因為是其他人命令，強制你做這種自發性的行為。如果受到強制，就不算自發性行為了。而且還必須帶著體貼的心打從心底對人好才可以，這根本是極度無理的要求。這不就是欺騙自己也欺騙他人的「偽善」嗎？

如果你這麼認為，我也同意。重要的是，別人有困難時幫他解決，而不是加上體貼跟關懷。就算你沒那個意思，或是不情不願，那也是該做的事，儘管該做的事不一定隨時辦得到。

我們都是無法獨自生活的存在個體。我們無法靠自己誕生於世上，死後的打點也必須拜託他人。自己能做的事有限，然而卻有數不清的恩惠必須與他人一起生活才能獲得。為了維持並且順利地推動這種共同生活，我們需要規矩與禮節。規矩（規則）具體禁止會損害共同生活的行為，採用「不能做什麼」的形式。

如果只靠規矩，共同生活會變得僵化。為了讓共同生活更加美好豐富，我們才必須更積極地建立人際關係。這時，重點就在於從他人的角度來看待事物，也就是想像力。認清自己的行為對其他人有什麼影響，然後建構出與他人的關係，我覺得這種技巧就是禮儀。也就是說，禮儀的本質就是對他人的顧慮。

希望你們不要將這層顧慮誤認為體貼或是對人好。因為它跟感覺或自發性不同，是為了創造美好豐富的共同生活必須學會的技巧。其中要素不是對人好，而是顧慮別人。

最後容我說一句，我並不否定對別人好這件事。如果你打從心底想對某人好，那是一件很棒的事。但是那種好出自你自己的期望，就對方來說根本沒用。就是因為對人好是無法要求或強制，才如此美好。

對人好是自我實力的證明

渡邊邦夫

依經驗或年齡的不同，有各種東西看起來像是「對人好」。成長環境也會改變對於好的理解。很多時候，我們必須思考在這個狀況下，對這個人怎樣才算好。這種經驗應該連小學生都有。但是如果明顯地「對人不好」，那就不對了。「對人不好」的相反其實是冷漠，而「對人好」，一般來說帶有積極正面的意思。我們認為對人好一定要「心甘情願」。

對人好是很重要的，而問題為何總是出在表現方式？其困難點在於，如果過度要求對人好，看起來就很虛假，讓人覺得愛出鋒頭又多管閒事；反之，如果想盡量不著痕跡地對人好，又很有可能忽視朋友在意的事。當你開始思考要怎麼做時，對人好就變得困難了。尤其對人好的定義，又會因為自己當下的想法或感覺而有相當大的差異。從這一點可以得知，除了我們必須學習的「禮儀」或「道德」，自己現在實際的樣貌，與對人好的方式與意義有關。如此一來，就差一步，問題究竟出在哪裡呢？

問題就在於，「自我」與「自我與他人的關係」其實密不可分，儘管乍看之下並不明顯。我和你是不同的人，而社會就是包含我們的大群體。可是我們心中也有一種自我形象，那是一個包含「與眾人的關係」或「與社會的關係」的迷你社會。這個形象如同鏡子一般反映了自己至今的行為。雖然平常我們無法推斷其他人心中的那個形象，但是某人一瞬間的態度或感情流露，卻會忠實表現出他至今是如何看待自己與周圍的人。

除了為了奉獻而活的人，不會有人將對人好視為人生的「目的」。每個人對於如何活出人生都有不同的想法，但是最後如果「不能對別人好」，那他的人生就有所缺陷。過往的生活體驗不斷在心中累積，對於這個自己與他人生活的世界，會形塑新的感受方式。那是自我的行為藉由與他人的關聯，在自己心中留下一些事物。如果不管他人死活，採取輕鬆的作法，便會養成有所保留的慣性。自我形象跟人性情感都會明顯轉變，進而影響你的行為。如果可以幫忙卻不伸出援手，雖然不會馬上變成上述一般，但是可以想見，從某個時間點開始會變得愈來愈自私。如果能以自身的作為，用最自然、最棒的方式對待他人，長久下來確實顧慮到他人，就能豐富你現在的思想與情感。

我們的「人生意義」目的各不相同。對人好雖然不是直接的目的，卻以更為間接的方式在人生意義上占有重要的地位。

17 藝術是爲了什麼而存在？

藝術是感情追求出口而呈現的瘋狂狀態——山內志朗

紀念生命的共同體驗——古莊眞敬

這個問題問的是兩件事：藝術作品有作者跟觀眾，作者為何要創作？而觀眾又為何要追求？藝術作品必然具有某種超越理解的部分，這一點不僅適用於觀眾，對作者也是一樣。作者創作出超越自我理解的東西，而且那超越理解的部分不會讓人覺得是多餘的廢棄物，反而孕育了藝術的力量與生命。那股力量的真實面貌是什麼？

藝術是感情追求出口而呈現的瘋狂狀態

山內志朗

藝術是為何而存在？為了接下來的討論，我們必須要先思考藝術是什麼。藝術不在美術館裡，而是在我們身邊，是大家都需要的東西。藝術絕對不是高不可攀的東西，也不能是高不可攀的。所以日本流行音樂跟動畫都是藝術。藝術也沒有必要是具體的。

雖然我們稱之為「藝術」的東西，可以高價買賣、被視為商業標的物，但事實並非如此。藝術不是為了賺錢，也不是為了打發時間。藝術有其必要性，讓我們活得像個人。

我們人背負著未來與死亡這些看不到的沉重包袱。我認為藝術就是在漫長的旅途之中，不讓我們被那些包袱擊垮的支柱。

如果將活著比喻為向前行的話，那我們會以何種方式邁步？要為了追求金錢或名譽，跑得比誰都快嗎？或是沉迷於酒精、賭博，步履蹣跚地前進嗎？還是倒在半途不想爬起來，直到有人伸出援手？或者要使別人也體會到自己的失敗而不斷扯人後腿呢？然而，藝術跟這些方式都不一樣。

人生如同背對著未來倒退著走。未來是不可見的。撞在你背上的東西究竟是責難的石頭或是撼動會場的聲援呢？這要等你前進到看得見未來時，才會分曉。對現在還看不到的東西能抱持信心的人，才能朝向未來後退前進。害怕看不見的東西的人，無法朝未來跨出任何一步。

人生就是不斷累積失敗，這些失敗的例子光是回想就讓人心痛。而無法表現出來的感情，為了尋求名字與形態而不斷鼓譟。藝術就是出現在這種一定要表現出來的衝動中。感情不表現出來就沒有名字。它不會塵封在記憶中，而是不斷煎熬著心靈。所以我們才需要藝術。不管是詛咒、歌曲、舞蹈或是大聲呼喊，只要能夠流通、傳達給眾人都可以叫作藝術。

藝術不是只追求「美」。美雖然是吸引人的事物，很重要，卻不是藝術的本質。藝術的本質不存在於事實之中，而是位於超越事實的那一方。那項本質或許可以稱為「美」吧。

悲痛萬分流出來的淚水，或是彷彿世間所有喜悅都聚集到自己身上的幸福，應該都是「美」。所謂的美，是與他人共有並傳承下去，然後在社會中流通形成公共財而不斷累積的事物，但是其本質存在於演唱會上那種表演與感動的交流之中。能夠傳達出去的力量才是「美」。在這種情況下，人類的情感才能化為一個立足點，去超越事實。

承襲事實並超越事實正是人類存在的本質構造。事實無法帶來超越事實的力量，能帶來這種力量正是藝術的本事。

紀念生命的共同體驗

古莊真敬

對於「某樣東西為何存在」的問題，我們必須小心。有時候，我們過於性急，認為「為了某種事物」才能發揮功用的東西（也就是手段），才具有意義，甚至演變成暴力地將「派不上用場的東西」視為沒意義的東西而割捨，最後可能使我們的生活變得索然無味。

我們的「生命」原本就不是由外在來定義成「為了某種事物的手段」。生命只能從內在來品味，我認為藝術與生命有著密切的關聯。就像「進食」不只是單純「為了存活下去的手段」，也是生命本身可以品嘗的活動之一。藝術也是我們生命的活動之一，是有如生命中的幸福般令人欣喜的事物。

在社會或是學校裡，我們總是埋首於和他人的比較或競爭，音樂或製圖的時間動不動就拿來比較僅有些微優劣之分的材料，因此所謂「藝術的喜悅」很容易讓人覺得不過是好聽的口號罷了。

然而，讓我們脫離這種狹隘的比較看法來思考，我們究竟會在什麼時刻受到歌聲或音樂吸引，想高歌或是彈奏一曲呢？何種欲望會促使我們以藝術的形式來表現我們人類呢？這是相當難以回答的問題，但其中一個原因也許是，我們不想讓世上即將消逝的光輝色彩或生活感受就此湮沒。這種想法，存在於創作這個表現活動的深處而創作出「作品」。我們的心底都潛藏一種根本的渴望，當某種閃亮的事物突如其來降臨時，我們會想去記錄這個生命的瞬間。雨天時那雨滴的光輝，晴天時從藍天吹拂而過的微風，趁著這些光景尚未消逝前，我們會忍不住想將其留在歌詞、旋律或顏料裡。藉此我們才能再度注意到，活在這個世上的感受或意義。並且藉由重新編織，從內在化為我們生命的支柱。

這種致力於藝術性表現的努力，總令人覺得帶有幾分類似「祈禱」的心情。某位詩人曾經懷疑，詩篇也許就像「裝入瓶裡流向大海的信」。他一邊祈禱那封信能送到他稱為「你」的對象那裡，一邊努力鑽研自己的詞藻。我們也會在偶然相逢的作品裡，意外找到一些句子，彷彿就像寫給你的信。想必你也感受過，千年前傳誦的歌曲餘韻與今夜的月光竟是如此契合。我們的生命跟心靈本身都是飄渺無常的事物，但是在藝術（蘊含著「祈禱」）這種紀念人類生命的共同經驗裡，我們的心靈彷彿超越了時間與空間的距離，產生了共鳴，並且反覆重新編織。這不就是所謂「藝術的喜悅」嗎？

18 所謂的「心」，究竟在哪裡？

心不在四處，卻也四處都在——柴田正良

心的正確輪廓是什麼樣子？——柏端達也

心受到腦很大的影響，但是不代表腦中有心存在。我的腦就在我的頭蓋骨裡，確實在此。那麼，我的悲傷也收藏在這個頭蓋骨裡面嗎？應該不是這樣。我體驗的全世界會因為我自己的悲傷而染上色彩。但是我自己所在的地方，不過是世界的一小部分。我自己與心的關聯究竟為何？這個問題是困擾我們以及哲學家的最大難題。

心不在四處，卻也四處都在

柴田正良

什麼叫作正在尋找住所的心？就是思考、觀看與感受。由於每個人都有心，所以它一定存在於身體的某個地方。以前人們認為心在心臟，現在則認為在腦部。

就算心位在腦部好了，如果把大家的腦解剖開來，應該只能找到名為神經元的神經組織，以及血管跟血液。朋友安慰你的那種「溫柔」，在他的腦中是找不到的，而悲傷的人的腦部，看起來一點都不「悲傷」。

心最重要的特徵就是，它是我所有經驗的唯一主角。我的心只能由我經驗過的內容來組成。他人無法理解、只有我才有的體驗，也稱為「第一人稱經驗」。世界上的知識可以由「第三人稱」接觸並且與他人共享，而這種知識只能透過「第一人稱經驗」來獲得。只有我的心感受到那片天空的「閃耀狀態」，是第一人稱經驗。相對地，「那片天空正在閃耀」則是可以與他人共有、以「第三人稱」方式接觸的世界狀態。

那麼，心不在任何地方是因為，在可用第三人稱方式確認的世界上，我的第一人稱經驗並不存在，甚至不在我的腦中。假設你正在聽巴哈的音樂，讓我們來看看你的腦袋。之所以這麼做，是因為你對音樂的體驗並不存在巴哈演奏的鍵盤裡，而是只存在於你的體內。但是這時就連你自己能在腦中找到的，也不是你以第一人稱所體驗到的「聲音的感覺」，而是以第三人稱觀察到的腦部神經活動。由於客觀的世界是由第三人稱共有的世界，所以第一人稱的心在這個世界裡，自然沒有任何容身之處。就像某天你感覺對未來有些許不安，但是這份不安並不存在於第三人稱的世界上。

然而，所謂我心裡的第一人稱經驗內容，指的是什麼？那是他人無法理解、自己卻很清楚的東西。現在感受到的寒冷或天上看到的飛行船，都是方才你腦中的內容。咦？奇怪，結果這些不都是第三人稱的世界嗎？第一人稱的心雖然不存在於第三人稱世界的任何地方，對我本身來說，心所經驗的內容構成了第三人稱的世界。所以，如果所謂的心就只是它體驗過的內容，那心自然存在於世界的任何地方。因為我經驗的一切就是世界，而我無法經驗的世界就是「無」。

這麼一來，世界就是由心所創造的嗎？其實也並非如此。你的腦部顳葉屬於第三人稱世界的一部分，但是如果這一帶發生了障礙，就有可能突然聽到你已經忘掉的歌曲。也就是說，你的第一人稱經驗不論你是否願意，都有可能以你意想不到的方式產生變化。所以第一人稱經驗在某種意義上，是由第三人稱世界創造出來的。那我們要如何理解這種雜亂無章的狀態呢？很遺憾地，沒有簡單的答案。存在論探討的是心、腦、經驗或世界，而我們現在好不容易來到存在論這個哲學入口。

心的正確輪廓是什麼樣子？

柏端達也

有某種東西可以稱為心，這一點沒有錯。不可能你以為自己有心，結果卻是沒有。如果沒有心的話，那就不可能「以為」。至少這裡有一個心，而你的心就在那裡。

假設有一個心存在在這裡，那它從這裡可以擴展存在的範圍到何種程度呢？不可能無限擴展，它會有時間的限制。我的心在百年以前（當然是）沒有，（很遺憾地）大概在百年之後也沒有。此外，還有空間的限制。人確實可以讓心思飛往遙遠的星球，甚至可以想像那個星球的樣子，因此可以說「我的意識飛到了畢宿五」。但是那不代表我的心像觸手一般延伸，真的到達距離數十光年之外的紅色巨星。

雖說如此，心也不是不占空間的點狀事物，在時間上、空間上都是如此。

讓我們思考一下指尖的疼痛。提到疼痛是因為疼痛也是構成心的重要元素。心不是只靠思考或想像構成（所以才有原始的「心」存在）。指尖的疼痛在哪裡？當然在指尖。某些人說心在腦裡，但是指尖的疼痛不在腦袋裡（在腦袋裡，就叫頭痛）。會說心在腦中的人，想說的應該是心的運作少不了神經的運作。但如果是這樣，那就沒有必要將心的位置侷限在腦部，甚至可以擴展到末梢神經。

指尖有神經通過，在身體構造上來說，指尖要感受到痛楚需要神經。那麼心就可以擴展到由各神經勾勒出的人形範圍嗎？

問題可能更複雜一點。假設指尖位於離地面一公尺高的地方。此時指尖的神經也位於離地面一公尺處。假設指尖疼痛的話，那疼痛在離地一公尺高的地方嗎？離地一公尺高的地方會痛嗎？假設旋轉手腕，指尖會跟著做圓周運動，指頭的神經和指甲也是一樣。然而，這時的疼痛也會跟著旋轉嗎？再來把疼痛的手指含在嘴裡。現在手指在嘴巴裡，但是嘴巴裡面會痛嗎？指尖的疼痛跟牙痛或口腔潰瘍的疼痛一樣嗎？我好像已經開始舉奇怪的例子了。

我的指尖所占的空間，房間裡的任何人來看都是一目了然。而我指尖的疼痛很明顯就位於指尖。儘管如此，疼痛看起來似乎沒有以平常的方式定位在室內的空間裡。我們不會說「離地板一公尺高的地方有疼痛」，或是「離地板一公尺高的地方沒有疼痛」。疼痛的地方本來就沒有辦法以語言這樣描述。空間位置可以用共通的方式形容，比如說「一公尺高的地方」，但是就算心能夠「擴展」到指尖或指甲，這樣的擴展也無法用這種方式勾勒出輪廓。

心到處都在，而且就某種意義上來說，還具有一些擴展性。但也許還沒有詞彙可以正確描述這樣的擴展。

「偉大的人」是超越比較的存在——鷲田清一

19 眞的有偉大跟不偉大的人嗎？

不是「有」偉大的人，而是「成為」偉大的人——野家啓一孩提時代若表現得好，就會受到稱讚：「你真努力，很偉大喔！」大部分的小孩會很開心，不會反問：「什麼叫作偉大？」如果有人說：「辦到的話，很偉大！」我們也可能想得到「偉大」這種稱讚而努力。「偉大」這個詞為什麼具有這麼大的魔力？當我們長到不會再有人說我們「偉大」時，又想再問一次：「什麼叫作偉大？」

「偉大的人」是超越比較的存在

鷲田清一

我認為要區別「偉大的人」跟「不偉大的人」，然後評斷誰比較偉大是一件顛倒是非的事。「偉大／不偉大」並不像學測、合唱比賽或選美比賽一樣可以比較。這跟評審或觀眾斷定能力優劣、歌唱得好不好、臉蛋或身材好壞等行為，有根本上的不同。

要比較人，必須將自己放在第三者的位置。將我必須面對的這個人視為比另一個人更偉大的比較對象，如此就把這個人推到跟我沒有直接關聯的地方。藉此，這個人就不再是「偉大的人」。因為是我將這個人評定為「偉大的人」，其實我比這個人還偉大。

「偉大／不偉大」不是由我們自己斷定的。要遇到「偉大的人」，反而是那個人自己選上我。看到某個人的舉止或姿態，沒來由地感動到說不出話來、無法動彈，通常是我們遇到某個「偉大的人」時最初的感受。

哲學家柏格森（Henri-Louis Bergson）說過，聖人或偉人不向任何人要求什麼，他們只是撒網。他們甚至沒有必要做出各種開示，只要存在就夠了。有這種人在，自然會成為號召。

「偉大的人」不是會說教或下某些指示跟命令的人，而是只要有這種人在，就可以讓人心騷動，進而有所行動。當我們接觸到這種人，心中會湧起「想要跟隨、起而效之」、想跟這個人「一樣」的憧憬，因為他們就是這樣的人。

當然，這種經驗也可能發生在遇到帥氣的人或成功商務人士時。只是這種人跟「偉大的人」不一樣，之後若有更具魅力的人出現，他們的魅力就會瞬間褪色。而「偉大的人」，就算有其他「偉大的人」出現，也不會喪失光芒。因為他們不是藉由類型挑選出來，而是他們本身具有光芒，才能站在那裡。他們藉由某種「典範」而存在。

其實並不是有「偉大的人」存在，問題在於你從那樣的人身上看到了什麼。不管一個人再怎麼偉大，還是有自己的盲點。甚至有人在過世後被家人或同事爆出生前隱瞞的作為，因此備受譴責。但是那個人不會因此而不偉大。問題在於我們能否從那個人身上找出自己以往沒接觸過的東西，或是之後可以當成生活主軸的某種「典範」。

不是「有」偉大的人，而是「成為」偉大的人

野家啓一

答案是「有」。確實有偉大跟不偉大的人。回答「沒有」不過是一種欺瞞。聽說近來小學過度要求平等，連運動會的賽跑都不能排名，這應該叫作惡性平等。同學中，有人腳程快，有人腳程慢；有人歌唱得好，有人歌唱得不好。這些是每個人與生俱來的能力或才能，雖然有高低或多寡的差別，本身並沒有偉大不偉大可言。問題在於如何磨練那項能力，或是如何在社會上發揮出來。

出社會後，因為地位的高低或業績的好壞，自然會產生「偉大的人」跟「不偉大的人」的差別，但是沒有天生「偉大的人」。至少現代的日本社會和世襲制度的封建時代不同，不會從家世或門第（除了天皇）來決定一個人偉大與否。所以自然就沒有「偉大的嬰兒」或是「不偉大的嬰兒」。

那麼，偉大的人與不偉大的人，差別究竟在哪裡？個子高不高、帥不帥，用看的就可以輕鬆分辨。但是一個人偉大與否，卻不能靠身高、體

重、容貌、服裝等外觀來判斷。因為「偉大」本來就不是看得到的特質。所以判別一個人是否偉大的基準，就會因為如何定義「偉大」而有所差別。以常識來說，「社經地位高的人」就是偉大，然而這就是一般的基準嗎？一般人認為，在公司裡經理比課長偉大，而總經理又比經理偉大；在大學裡，教授比副教授偉大，而校長又比教授偉大。但是這種職務上的地位不過是暫時的，而且具有相對性。俗話說：「猴子就算從樹上掉下來，還是猴子，但是國會議員落選，就只是普通人而已。」社長或校長從職務上退下來就成了普通人。因此那種「偉大」是暫時的，而非永久。

另一種「偉大」的意義可以指「值得尊敬」。這並非指其地位或職務，而是指他完成的工作或有勇氣的決定或行為。比方說，因為重要的發現獲頒諾貝爾獎的科學家，或是在世界盃帶領球隊贏得冠軍的足球選手，都是屬於這種人。他們不是天生就是「偉大的人」，而是藉由克服困難以及貫徹自己的意志，最後才成為「偉大的人」。

因此，偉大的人並不是一開始就「存在」於某處。那些人在人生的旅途中，將天賦的能力發揮到極限，為了實現遠大的目標而努力不懈，最後才「成為」一個偉大的人。各位在往後漫長的人生裡，也要將「成為」偉大的人，也就是值得尊敬的人，當成遠大的目標。

20 神存在嗎？

如「信賴」一般不斷誕生的神——田島正樹

神存在／不存在的意義——永井均

就算是不信神的人，也沒辦法用「才沒有神啦」一句話打發掉這個問題。是否有超越我們的理解、無法理解的事物存在呢？如果承認這一點，那麼這個人就是感受到被特定宗教稱為「神之前」的原型，也就是超越世界的某種事物在世界上留下了回音。為何我們要尋求不在這世界內的事物呢？以「神」之名，我們質疑這個世界跟我們自身該有的樣貌。

如「信賴」一般不斷誕生的神

田島正樹

我認為現在應該不會有人真的相信有聖誕老人，但是孩提時人家都說襪子裡的禮物是聖誕老人送的，但其實是父母偷偷放進去的東西。

父母為什麼要撒這麼麻煩的謊話？為什麼要讓小孩覺得自己送的東西來自其他人？是因為就連父母也不覺得送給孩子的東西，全是自己的東西嗎？畢竟父母送給你們最大的禮物就是誕生這件事，你們獲得比一切都重要的存在本身。但是站在父母的角度來看，並不會覺得賦予你存在，有何不可一世，反而覺得彷彿從某人那裡收到很棒的禮物。因為對父母來說，自己的存在不過是他們自己的父母給予的，他們只是將自己從父母那裡繼承的生命交接給你而已。

孩提時，我們深信父母什麼都懂，但是馬上就會發現這沒什麼了不起。他們說的多半也是現學現賣，光是語言，都是遙遠的祖先流傳下來的。人說的話基本上只是在模仿別人的發言。如此一來，就像生命是從祖先繼承而來一般，精神不也是以語言繼承下來的嗎？因為就連思考，不過是使用語言在腦袋裡組成文章而已。就像烏鴉收集破布築巢一樣，我們到處收集詞彙來建構自己的思考。

但如果只是模仿別人的聲音，那就跟鸚鵡沒兩樣了，不叫作思考。我們被要求具有前後不矛盾的一貫性。行為上也要求前後一致，所以必須在語言表現中定位我們的行為。追捕斑馬群的獅子就算在途中改變狩獵目標，也不會被說是缺乏一貫性，但是發誓戒菸的人如果又吸菸，就會被指責前後不一。我們就是如此將自身完全置於語言中。是誰對我們要求這種前後一貫性呢？一開始是父母，後來也許是學校的老師。如果我們撒謊或是不守約定，會受到責罵。但不論是父母，還是老師，都不是完人，他們其實也沒有立場如此要求。

因此誕生了一種幻想，一個可以審視我們所有的發言與行為，然後要求前後一貫性的存在，那就是神。我們使用語言思考，並且要賦予一貫性時，不可避免地就會產生一種錯覺，也就是神。

但是我們不可過早下定論：「什麼嘛，果然沒有神。」就像父母送小孩禮物時，他們的身影會化為聖誕老人一樣，當我們認真思考某些事時，也與轉交語言給我們的許多人的聲音相合，於是就出現了神的身影。前後一貫性雖然可有可無，但是如果不以一貫性為目標，就不會有語言或意義。那有點類似「信賴」。如果一開始就認為「沒有信賴存在」，那信賴就真的會消失。但如果認為可以信賴，信賴就會出現。就跟這個道理相同，神不是存在，而是一直誕生。

神存在／不存在的意義

永井均

假設宇宙物理學家真的推斷出有神的存在，因為他們發現，要最適當地說明宇宙現況，就不得不承認傳統上稱為「神」的宇宙創造者真的存在。這樣真的就能證明神存在嗎？也許各位會覺得很意外，其實是不行的。

除了「神」以外，所有森羅萬象存在的理由，大概可以藉由那個「神」的存在來說明。可是我們還是無法得知那個「神」存在的理由。為何會有那種東西存在？如果那個「神」是傳統的人格神，祂一定會自言自語說：「我知道森羅萬象的存在理由，但是我自己究竟是什麼？為何我會存在呢？」他不得不向更高深的「神」質疑自己的存在意義，所以祂事實上就不是神了。

包含那個「神」的全體世界的存在，依舊是個謎團。所以假設有神存在，一定還有一個更高深的「神」，祂才會知道全體的存在意義（包含原先那個宇宙創造者的神）。但是我們不可能知道是否有那種「神」存在。如果有辦法得知，就又回到跟宇宙物理學上的「神」同樣的地位。

假設沒有那種更高深的「神」存在，那包含已經存在的「神」的全世界的存在意義依然無法得知。包含「神」的全世界之存在，就無法進行任何說明，化為赤裸裸的神祕。所謂赤裸裸的神祕，本身就像「神」一般。在這種情況下，我們能夠理解的「神」不過是存在於其內部而已。也就是說，其實並不是神。

針對宇宙討論的這組對照，在語言的作用上也會形成迴圈。也就是存在於我們語言內部的神，與存在於語言外部的神。正因為我們認為神存在於語言內部，所以才用語言敘述神。但是神應該是全知全能的，那不就不需要語言的介入嗎？

對於需要語言介入的對象來說，一定可以說謊，我們對他人也是一直在說謊（大都是無意識的謊言）。然而，對神是沒辦法說謊的。「謊言組成的祈禱」是不可能的。那為什麼祈禱一定要有語言呢？因為我們自己需要有機會去述說不是謊言的語言。如果不創造這種機會，我們就搞不清楚自己究竟是什麼。

此時，我們就會開始用語言向超越語言的神傾訴。不是對著我們確知祂存在的「神」，而是對著我們絕對不知道到底存不存在的「神」。

21 哲學家都在做什麼？

分辨身旁哲學家的訣竅——戶田山和久

挖洞、填洞、忘掉，或是……——入不二基義

應該沒有小朋友會回答長大想當「哲學家」。因為他們不知道怎樣才能當哲學家，或許應該說，不知道是怎樣才當得上哲學家。其實看看實際狀況，應該比解釋來得快。如果藉由先前那些哲學家的問答，可以讓各位略窺哲學家的思考方式，那是再好不過了。但是我們還是想單刀直入地問問哲學家，你們都在做些什麼？畢竟質疑「哲學是什麼」，其實也是哲學。

分辨身旁哲學家的訣竅

戶田山和久

哲學家都在哪裡？可能會有人回答，不就在大學的哲學系嗎？其實並非絕對。就算在哲學系學哲學或是教哲學，那個人也不一定是哲學家。

哲學家到處都有，也許你心中也有。所以就讓我來教你如何分辨你身旁的哲學家吧。

如果想知道你面前的人是不是哲學家，只要問這個問題就好。「你覺得甜甜圈在旋轉的時候，中間的洞也在旋轉嗎？」回答「不要問這種無聊的問題」、「重要的是你功課寫完了沒」，或是「這入學考會考嗎」的人，都不是哲學家。如果回答「對耶，我都沒想過。到底是哪邊在轉」，或是「到底有沒有在轉呢」，然後雙眼發亮開始思考的人，就是哲學家。假設一年多後再見面，一開口就說「啊，對了！那個甜甜圈的洞，我還是覺得它沒在轉」的人，就是真的哲學家。因為他竟然思考了一年！

洞有形狀跟大小，數目也算得出來（不過甜甜圈只有一個洞），所以很類似「事物」。但是洞同時也是那個「事物」所沒有的地方。因為甜甜圈的洞不能吃，類似事物又不是事物。洞雖然讓人覺得好像在旋轉，卻不是在旋轉的事物。因此這個問題一開始想就會相當有趣。我的哲學家朋友最後還針對洞寫了一本書。

哲學家是怎樣的人？他們就是這種人。在想到「問這個又怎樣，這有答案嗎？」之前，遇到任何問題，都會先想到「有意思，我想想」。而且他們一旦開始思考，就會一直思考，也許不太懂得要在某個地方打住。因此，我心目中的哲學家形象，是在思考上有點偷跑意思的長距離跑者。

哲學家是不經過深思熟慮，很快就進入思考的，可是一旦思考，就會非常仔細地思考。他們雖是長距離跑者，看起來卻像是用走的。因為他們在乎的不是能跑多快，而是能走多遠。

你問這些人究竟有什麼用處？其實他們可以幫助大家延遲思考的速

度。現代社會通常一味追求快速思考，要求盡早得出結論、快點下決定、快點改革，或是快點推出新政策。但是哲學家會說：「唉呀，不用那麼急著去想，慢慢來吧。」為了維持社會健全，我認為這是相當重要的事。

挖洞、填洞、忘掉，或是……

入不二基義

我們哲學家會挖洞，而且是特地在沒有必要的地方挖「洞」，讓路變難走或是讓自己掉進去，有時候還會挖過頭而爬不出來。然後，我們拚命從「洞」裡掙扎爬出來，或是把「洞」填好以免有人掉下去，或是將它回復原本平坦的大地。有時候，我們爬不出來就算了，乾脆一直待在「洞」裡，或是繼續挖下去。

比方針對「語言的意義」，在質疑「語言是像聲音或字跡一般的東西，卻可以代表（表現出）跟它本身不一樣的意思，這種不得了的東西是怎麼創造出來的？」，我們會特地挖「洞」，因為這跟平常的「問題」差距甚大。

「語言的意義」會成為問題，通常都是看到不懂的字詞、想詢問它的意義。在這種情況下，字詞具有意思是理所當然的（沒有意思的話，就不叫語言），會想知道關於那項意義的詳細內容（也就是「什麼」）。於是，我們才會去翻字典或請教別人。

但是剛剛提到的特地挖「洞」的問題，就跟這種情況不一樣了。因為我們特地把已經具有意義的「字詞」拉回到沒有意義的階段，或是跟意義沒有關係的形成階段。那是「像聲音或字跡一般」的「某種東西」。我們特地讓它回到還不具有意義、赤裸裸的「東西」的階段，再一次回復它原本「代表的意義」、「表現」。然後，兩個赤裸裸的東西之間就以「代表的意義（表現）」彼此連結，亦即「是怎麼創造出來的？」這個問題。也就是說，在具有意義這件事上不可分割的「表與裡（聲音或文字等）」之間，我們強硬地撕裂它，然後再度讓表與裡恢復成白紙一般的「危險」問題。就算我們覺得這是赤裸裸的「東西」，其實也已經以「聲音」、「文字」或「某種東西」覆蓋上了「意義」。因為表與裡終究是一體而不可分割的。

這相當於在原本沒有「洞」的地方，特地挖出一個「洞」，然後巧妙地埋起來。這個「洞」真的可以巧妙地埋好嗎？又或者，已經挖出的

「洞」怎麼填都填不起來呢？或者是重新體認到，其實本來就挖不出什麼「洞」。還是領悟到不管挖「洞」或填「洞」都是沒有意義的，於是忘掉「洞」的事，再度繼續行走或奔跑在平常的大地。不管選擇哪個方向，看起來都是「哲學」（只是風格不同）。我認為哲學家就是以各自的方法去跟「洞」扯上關係的人。

不管是定義或實踐都不簡單——土屋賢二

22 幸福是什麼？

幸福，是逐漸失去的情景——雨宮民雄

有人說：只要當下覺得自己是幸福的，那就是幸福。可是就像吸毒這種極端的例子，幸福很明顯不單單是瞬間的事物。更何況，考慮到我們活在與其他人的關係之中，不能說「只要自己幸福」就好。質疑「幸福」的意義時，「覺得幸福就好」根本算不上答案。我們確實在追求某些東西。但是我們無法看清楚追求的東西。

不管是定義或實踐都不簡單

土屋賢二

「幸福是愈追逐就逃得愈遠的東西。當你放棄了追逐，它卻在不知不覺間造訪。」這是關於幸福最為人熟知的格言。為什麼呢？因為要稱得上幸福，必須有無數自己力所不及的事物成立。不管有多富足、健康或受到疼愛，如果巨大的隕石或核彈即將掉落下來，應該不會有人感到幸福吧。不管是隕石、飛彈、地震、戰爭或傳染病，如果不是在這些無數的東西都不存在的情況下，就無法獲得幸福。就算只是灰塵跑進眼睛裡或是被蜜蜂螫到，幸福都有可能遠去。對大多數人來說，必定會來到的衰老或死亡都是會剝奪幸福的東西。但是這些無法靠自己的力量去改變，所以幸福不是可以藉由努力而獲得的東西。

這還是無法回答幸福是什麼？因為我們無法將隕石、飛彈這些無數的東西列舉出來。硬要回答的話，只能說「一般人大都只是把剛好處在順遂的情況稱為『幸福』」，但這不算答案。因為我們不清楚「一般」、「剛好」這些重點究竟是什麼。

所以「幸福就是什麼什麼」這個答案，不論哪一個都不完全。比方說，有些人主張「能夠一對一面對神就是幸福」、「幸福就是不管發生什麼事，都有堅定不移的心靈」、「捨棄欲望就會幸福」，或是「幸不幸福是看你的心境而定」，這些人跟主張「只要你認為自己幸福，那就是幸福」的人，在隕石或飛彈的危機迫近時，他們還會認為只要能面對神或是有堅定不移的心靈，就能幸福嗎？在得知家人（或是重要的朋友等）罹患重病時，還會覺得幸福嗎？充滿人道關懷的人，若是知道非洲的小孩接連餓死，還會覺得幸福嗎？如果有人在這種狀況下，還能宣稱「自己很幸福」，我們可能會認為他不正常，或是他沒有正確使用「幸福」這個詞。不管自己是多麼富足，都沒有辦法稱之為幸福。

儘管「心境」不能說是幸福的關鍵，確實是一件要素。有些做老婆的覺得又禿又胖的丈夫根本是阻撓自己追求幸福的障礙物，但是她們之中有許多人在經歷大震災時，覺得丈夫不管再怎麼醜，只要他能活下來，自己就是幸福的。心境就是能帶來這種改變。如果認為「不能活到五百歲的話，我才不要」、「不是資產百兆元的大富豪就是不幸」，那可能一輩子都覺得不幸。相反地，也有人會覺得，雖然有無數不幸的原因，每個都沒有發生而安然度過每一天，就是無比的幸福。「幸福」的特徵具有各種可能性，選擇這個可能性則是人類的特權。

幸福，是逐漸失去的情景

雨宮民雄

幸福這個詞，是具有魔法的詞彙，光是聽到都會覺得胸口熱熱的。在你消沉時，有人輕輕把手搭在你肩上說一句「你一定會幸福的」，勇氣就會湧現出來。快樂的時候，互道「我們真是幸福」，喜悅頓時倍增。幸福這個詞就像會讓我們精神百倍的咒語。

因為幸福這個詞像咒語，沒有人會再去深究它的意涵。當有人正面問我們幸福是什麼，任誰都會感到困惑。所以我們先將意涵的問題擱到一邊，先想想幸福這個詞用在什麼情況。

家人圍著餐桌享受一家團圓的時光，這是幸福。與朋友遊玩，吵架又和好，這也是幸福。和鄰居的叔叔阿姨談天說笑，合力準備祭典，這還是幸福。

由此可見，幸福這個詞的源頭，就在與家人、朋友、鄰居這種人與人直接交流的情況裡。實際上，在超越人彼此間的交流時，幸福這個詞聽起來像是走錯了地方。比方說，政治家或法律學者扮演的角色是制訂並維護社會秩序，但是當我們聽到他們輕率地將國民的幸福掛在嘴巴上時，總是感到不舒服。

也有一些人的境界，超越了人與人的交流，和社會走向背道而馳。那就是獨立於社會之外的個人。在這種個人的生活方式上，幸福這個詞也走錯了地方。當這種人自問「我該怎麼活下去」，能不能獲得幸福根本無關緊要。

總之，我認為可以將社會與個人之間的中間地帶視為幸福的源頭。在社會與個人這種人為性的事物包夾下，我們在此與家人、朋友、鄰居進行自然交流。所以我們可以認為，幸福的含義就是遠離人為，由人與人之間單純誠摯的交流帶來的喜悅。幸福這個詞之所以能讓我們打起精神，應該是因為它喚醒我們對自然的本能。

但是在國際化的今天，從人事物、價值觀到資訊都穿梭在世界上，已經難以維持這種自然的情況。不論是家人、朋友、鄰居之間的交流都不再有溫度，逐漸變成政治或經濟上的一個單位而已。近來行動電話普及，無機的資訊交換開始闖入所有人之間。

我認為這種浪潮已然無法停止。幸福這個詞成了一個愈來愈喪失實質的咒語，而人類生活的一切都將成為活化社會與經濟成果的附屬品。

雖說如此，對於無法忍受這種狀況的人來說，還有一條路，就是站在社會的對立面自己活下去。這樣一來，必須做好心理準備，不能倚賴同伴活下去。這是相當艱辛的生活方式，但是也許比無法割捨對幸福的思念，卻又被社會系統的潮流吞噬來得好。

後記

四谷大塚是為中學生而開的升學補習班，同時發行一本以小學生及家長為對象的月刊《Dream Navi》。他們委託我寫專欄，因此我想出「小朋友的哲學大哉問」這個企劃，由哲學家親自回答小朋友的哲學性問題，於二〇一一年七月開始連載。我想出當期的題目，並決定作答的哲學家。像是我邀請鷲田清一與野家啓一教授回答「真的有偉大跟不偉大的人嗎？」這個問題時，我一個人笑了起來。而他們兩人精彩的文章寄來時，我真的非常欣喜。偷偷在這裡說，我在讀兩方作者的文章時，甚至會擅自決定哪一方占上風。有人令我十分吃驚，沒想到他會寫出筆調這般柔軟的文章，也有人苦笑著說很難寫，還有人無視讀者群恣意地書寫。實際上，各類作者都有，這也讓我很高興。話說委託伊勢田哲治教授時，我相當佩服，應該說是吃驚。我向他邀稿時，他馬上回覆：「如果這樣可以，我就接下。」並附上稿子。編輯回覆他「請您就以這種感覺撰文」，他馬上回我們「那就用那份文稿吧」，這讓我們一時傻眼。相反地，也有遲遲不交稿的人，害我跟編輯急得像熱鍋上的螞蟻。連載就這樣持續到二〇一三年四月。我想感謝神成明音先生，與我一起發想企劃，並擔起雜誌連載作業的編輯工作，希望您與我一起分享成書的喜悅。而中間改由關口剛先生擔任編輯，本人在許多方面也蒙受他照顧，特此感謝。

成書內容基本上與雜誌連載時相同，但有若干更動。此外，我針對每一期的問題，新增了短評。能將這些文章集結出版，要感謝編輯松本佳代子女士，負責設計與裝幀的細野綾子女士，以及繪製封面圖樣的本田亮先生。如各位所見，一本下了很多工夫的好書就此完成。這些人士都是共同合作的成員，所以不在此特意致謝。但是我要厚著臉皮代表所有工作人員說一句，你們完成了一本很棒的書。我非常開心。

二〇一三年夏

野矢茂樹

執筆者簡介

【編著者】

野矢茂樹

一九五四年生於東京都。畢業於府中市立第六小學、第五中學、東京學藝大學附設高中、東京大學。現為東京大學綜合文化研究所教授。著有《哲學之謎》（講談社現代新書）、《如同初次思考時》（PHP文庫）等。

【作者】

雨宮民雄

一九四六年生於山梨縣。畢業於八王子市立第四小學、第五中學、東京都立立川高中、東京大學。現為東京海洋大學榮譽教授。著有《場所》（共同著作、岩波書店）、論文〈日語的哲學序論〉（哲學雜誌），譯有《事實、虛構、預言》（勁草書房）等。

伊勢田哲治

一九六八年生於福岡縣。畢業於福岡市立和白小學、和白中學、福岡縣立福岡高中、京都大學。現為京都大學文學研究系副教授。著有《哲學思考訓練》（筑摩新書）、《偽科學與科學之哲學》（名古屋大學出版會）等。

一之瀨正樹（一ノ瀨正樹）

一九五七年生於茨城縣。畢業於土浦市立土浦小學、土浦第一中學、茨城縣立土浦第一高中、東京大學。現為東京大學人文社會學系研究所教授。著有《機率與模糊性之哲學》（岩波書店）、《死亡所具有——面對死刑、殺人、動物利用之哲學》（東京大學出版會）等。

入不二基義

出生於一九五八年十一月十一日。畢業於川崎市立幸町小學、南河原中學、神奈川縣立湘南高中、東京大學文學院哲學系。現為青山學院大學教授、大學摔角社副社長。著有《腳底是否有影子？——哲學隨筆》（朝日出版社）、《相對主義之最北方》（筑摩學藝文庫）等。

大庭健

一九四六年生於埼玉縣。畢業於埼玉大學附設中小學、埼玉縣立浦和高中、東京大學。現為專修大學文學院教授。著有《善與惡》（岩波新書）、《我為何是我》（岩波現代文庫）、《現在的工作這檔事》（筑摩新書）等。

柏端達也

一九六五年生於名古屋市。畢業於名古屋市立守山小學、守山中學、菊里高中、大阪大學。現為慶應義塾大學文學院教授。著有《自我欺瞞與自我犧牲》（勁草書房）、《行為與事件之存在論》（勁草書房）。

神崎繁

一九五二年生於兵庫縣。畢業於姬路市立城巽小學、白鷺中學、兵庫縣立姬路西高中、東北大學。現為專修大學教授。著有《對待靈魂的態度》（岩波書店）、《尼采》（ＮＨＫ出版）、《柏拉圖與反遠近法》（新書館）等。

熊野純彥

一九五八年生於神奈川縣。畢業於清泉小學、榮光學園中學及高中、東京大學。現為東京大學文學院教授。著有《西洋哲學史》、《和辻哲郎》（岩波新書）、《差異與區隔》（岩波書店）、《埴谷雄高》（講談社）、《馬克斯：資本論之思考》（SERIKA 書房）。

齋藤慶典（斉藤慶典）

一九五七年生於神奈川縣。畢業於橫濱市立十日市場小學、慶應義塾國中部、慶應義塾高中、慶應義塾大學文學院。現為慶應義塾大學文學院哲學系教授，並於二〇〇七年至二〇一二年兼任慶應義塾國中部校長。專攻現象學。著有《哲學發端》（筑摩新書）、《給國中生的哲學》（講談社）等。

柴田正良

一九五三年生於大分縣。畢業於清瀨市立芝山小學、第二中學、東京都立東久留米高中、千葉大學。名古屋大學研究所博士課程修畢。現為金澤大學人文學類教授。著有《機器人的心》（講談社現代新書）。

清水哲郎

一九四七年生於東京都。畢業於世田谷區立中丸小學、東京教育大學（現筑波大學）附設駒場國高中、東京大學。現為東京大學人文社會學系研究所特任教授。著有《懷疑的用途》（福音館）、《面對醫療現場的哲學》（勁草書房）等。

鈴木泉

一九六三年生於仙台市。畢業於宮城教育大學附屬中小學、宮城縣仙台第一高中、東京大學。現為東京大學人文社會學系研究所副教授，亦擔任搖滾雜誌《ULYSSES》（SHINKO MUSIC）編輯顧問。

田島正樹

一九五〇年生於大阪府。畢業於千代田區立番町小學、麴町中學、東京都立日比谷高中、東京大學。現為千葉大學文學院教授。著有《讀哲學事典》（講談社現代新書）、《正義之哲學》（河出書房新書）、《靈魂之美與幸》（春秋社）等。

土屋賢二

一九四四年生於岡山縣。畢業於玉野市立宇野小學、岡山市立丸之內中學、岡山縣立岡山操山高中、東京大學。現為御茶水女子大學榮譽教授。著有《全新哲學入門》（文藝春秋）、《土屋教授的哲學講座》、《我笑故我在》（文春文庫）、《當不成哲學家的方法》（東京書籍）等。

戸田山和久

一九五八年生於東京都。畢業於千代田區立麴町小學、東京教育大學（現筑波大學）附設駒場國高中、東京大學。現為名古屋大學資訊科學研究學系教授。著有《科學哲學之冒險》（NHK BOOKS）、《「科學性思考」課程》（ＮＨＫ出版新書）等。

永井均

一九五一年生於東京都。畢業於慶應義塾普通部、慶應義塾高中、慶應義塾大學。現為日本大學文理學院教授。著有《給小朋友的哲學對談》（講談社文庫）、《翔太與貓咪因賽特的暑假》（筑摩學藝文庫）、《漫畫也可以哲學》（岩波現代文庫）等。

中島義道

一九四六年生於福岡縣。川崎市立大戸小學、西中原國中、神奈川縣立川崎高中、東京大學教養學院及法學院。維也納大學哲學博士，前電氣通信大學教授，現今主導「康德哲學班」。主要著作有《你為何活著？》（偕成社）等。

野家啓一

一九四九年生於仙台市。畢業於仙台市立連坊小學、東華中學、宮城縣仙台第一高中、東北大學。現為東北大學教養教育學院長特任教授。著有《故事之哲學》（岩波現代文庫）、《科學的解釋學》（筑摩學藝文庫）、《什麼是典範》（講談社學術文庫）等。

古莊眞敬（古莊眞敬）

一九六八年生於東京都。畢業於埼玉縣和光市立白子小學、開成國高中、東京大學。現為東京大學綜合文化研究所副教授。著有《海德格的語言哲學》（岩波書店）、《自我（通往哲學的招待第五集）》（合著，東信堂）等。

山內志朗

一九五七年生於山形縣。畢業於全校僅有三十名學生的西川町立本道寺小學、西川西部中學、山形縣立山形東高中、東京大學。現為慶應義塾大學文學院教授。著有《普遍論爭》（平凡社）、《天使的符號學》《探究存在之根本性》（岩波書店）等。

鷲田清一

一九四九年生於京都府。畢業於京都市立醒泉小學、京都教育大學附設國高中、京都大學。曾任大阪大學教授、校長，現為大谷大學教授、仙台媒體中心館長。著有《「傾聽」之力》（阪急Communications）、《不對稱身體》（筑摩文庫）等。

渡邊邦夫（渡辺邦夫）

一九五四年生於新潟縣。畢業於上越市立東本町小學、城北中學、新潟縣立高田高中、東京大學。現為茨城大學人文學院教授。著有《從亞里斯多德哲學研究人性理解》（東海大學出版會），並譯有《MAIN》（光文社古典新譯文庫）等。

小朋友的哲學大哉問：讓大人傷腦筋的孩子氣提問，哲學家，請回答！/ 野矢茂樹編著；陳偉樺譯. -- 初版. -- 臺北市：大塊文化, 2016.05
面；　公分. --（walk；10）
譯自：子どもの難問：哲学者の先生、教えてください！
ISBN 978-986-213-698-0（平裝）

1. 哲學　2. 通俗作品

100　　105005638

LOCUS

LOCUS

L O C U S

LOCUS